朝日新書
Asahi Shinsho 686

政権奪取論

強い野党の作り方

橋下　徹

朝日新聞出版

はじめに：なぜ強い野党が必要なのか

僕は今の安倍政権の政治に基本的には賛成である。それは政策の中身というよりも実行力の点である。これだけのことを実行しようと思えばどれだけ大変なことか。僕は、知事、市長として地方で現実の行政権を行使した経験から分かっているつもりだ。

インテリ層は理想を語ればいいだけなので、自分の理想に合っているかどうかで判断する。しかし現実の政治行政は、理想を直ちに実行できるものではない。現状に変更を加えようとすると、官僚組織、政治家、利害関係者、そしてメディアを中心とした世間の反対の声を乗り切っていかなければならない。多くの政治家はそれを乗り切るために途方もない精神力、体力、政治力を求められ、最後は屈服し、現状維持に甘んじる道を選びがちだ。しかし安倍政権は現状変更にチャレンジしてきた。

もちろん反対のところ、不満なところは多々ある。安倍政権は、中央集権型の日本の統治機構（役所システム）を抜本的に変革するつもりはないし、過疎地をどうするかについても「創生」というきれいな言葉でごまかすだけで、「整理」の必要性について語らない。新規参入を促すための既得権打破の規制緩和改革も、既得権を有する業界団体の反対の声に配慮して不十分なところも多い。

特に、森友・加計学園問題、財務省による決裁文書の改ざん、陸上自衛隊の日報「隠ぺい」には僕も納税者として強く怒っている。これらの問題では、政府の当初の説明と異なる新事実が次々と発覚し、「優秀な官僚様はいくらでも国民を騙すことができるんだ」というような驕《おご》りを政府には感じた。国民の多くも同じだと思う。朝日新聞の2018年5月の調査では、安倍政権が森友・加計問題の疑惑解明に「適切に対応している」と答えた人は13%、「対応していない」は75%に上る。

加えて、財務事務次官のセクハラに対する対応のまずさ、裁量労働制に関するデータの誤り、そして極めつけは参議院の議員の定数を6増やす公職選挙法改正だ。議員数の削減に逆行し、自民党の議席を拡充するためだけに作られた戦後最低最悪の法改正。

鳴り物入りで成立させた法案に対する国民の評価も厳しい。カジノ法は64・8%、「働き方」関連法は60・9%が評価しないという（2018年7月共同）。

それにもかかわらず、安倍内閣の支持率は下がるどころか上昇基調だ。NHKの「政治意識月例調査」によれば、2018年6月の38%から、7月には44%と反転した。

この数字であれば、安倍首相としては余裕綽々《しゃくしゃく》。この9月に行われる自民党総裁選の3選に向けて順風満帆といったところだろう。喉元を過ぎるどころか、喉元を通過中にも支持してくれる国民に感謝しているに違いない。

一般的には内閣支持率が安定しているということは、政治的に安定している状態と言えるので、それ自体は悪いことではない。しかし今の内閣支持率の安定性は、強い野党との切磋琢磨から生まれたものではない。あらゆる世論調査で、内閣を支持する理由の上位は「他に適当な人がいない」「他の内閣より良さそう」といった回答だ。ゆえにこの安定は政権与党である安倍政権・自民党の驕りを生む。

そしてこの驕りが、森友・加計問題での身内への甘さと調査能力の欠如、公文書の改ざんに伴う民主政治への信頼の深刻な失墜、陸自問題があらわにしたシビリアンコントロールの危機、党利党略だけの参院定数6増につながっている。何をやっても政権与党から転落することがないという自民党の驕りそのものだ。ところが、野党が弱いがために安倍政権・自民党は安定を失わない。

野党の弱さこそが、今の日本の政治の根本的な問題だと僕は考えている。

本来であれば、政権の驕りの増長に歯止めをかけ、官僚が保身と忖度《そんたく》で公正中立を失うことを防ぐのは野党のはず。強い野党、すなわちいつでも政権交代を狙いうる野党の存在ほど、政権与党や官僚にとって怖いものはない。強い野党の存在こそが政権与党に緊張感を与え、政権与党に襟を正させる。

でも、安倍政権を全否定することばかりに力を注いでいる今の野党に、そんな期待は膨らまない。国民の目から見れば立憲民主党も、国民民主党も、共産党も反安倍政権・反自民党の一辺倒。各政党がどんな日本、どんな社会を作りたいのかが見えてこない。これでは、国民は、野党に希望を託すことができない。政権交代など、夢のまた夢に感じることだろう。

しかし振り返れば、2009年に民主党が躍進し、政権交代が行われた。民主党政権に対する評価はさておき、55年体制がいったんは崩壊して、自民党が野党に転落した事実は大きなインパクトを持っている。行政権すなわち権力というものを持たない野党を経験した自民党議員たちは、もう二度と野党に戻りたくないと考えただろう。その危機感によって、自民党の議員は国民の方を向く努力をしたのだと思う。そして2012年に再び政権交代を果たした自民党は、かつてより国民の声に耳を傾ける政党になったと僕は感じている。

これらは、日本の政治にとってポジティブな出来事だった。それまでの長期政権与党であった自民党が、これまでの自分たちの政治を反省して新たな方向性を模索し、それまでの長期野党であった民主党が、わずか3年ほどであったにせよ、政権与党という得難い経験を積んだ。強い野党が存在し、政治的な切磋琢磨があり、政権交代が起ることが、日本の民主政治を確実にステップアップさせたのだ。

野党が強いことは、政治家の本気度を一気に引き上げる。政治家が最も恐れるのは、落選である。いくら理想を語ったところで、政治家は落選してしまえばただの人。落選とはいわば政治的な死を意味する。野党の存在感が高まることで、与党議員はより真剣に国民のことを考えた政治をするはずだ。

これは、僕自身の経験からも言える。2011年に大阪市長に就任したとき、大阪維新の会は市議会で単独過半数を持っていたわけではなかった。だから、提案する政策一つひとつに対して自民党、公明党などの野党から徹底的にチェックを受けた。いわゆる国政でいうところの「ねじれ」の状態だったが、その緊張関係があったからこそ、市民のための政治ができたと思う。

日本の政治には、今こそ、与党に緊張感を与える野党が必要だ。

これからの時代は、特にそうだ。選択的夫婦別姓制度の導入や事実婚の容認、ＬＧＢＴのための法整備、外国人の受け入れなど、これからの日本には、従来の日本の価値観の幅を超える多様性がますます求められてくる。有権者はそれぞれの価値観・ライフスタイルに合った多様な政治的選択肢を求めるようになる。ゆえに、特定の価値観に基づく凝り固まった政治的選択肢になりがちな一党体制はこれからの時代にそぐわない。与党と野党がそれぞれの選択肢を激しくぶつけ合い、時に対立し、批判し合いながら政策を磨いていくことで、多様な新しい政治的選択肢が生まれてくる。

そのためには、与野党の切磋琢磨が必要不可欠だ。与野党がおとなしいインテリぶった議論をしているだけでは、新しい政治的選択肢などは生まれない。政治的イノベーションを生むには熱い政治的エネルギーが必要だ。

60年以上の歴史と強固な地方組織を持つ自民党に、真に対抗できる野党は一夜にしては作れない。強い野党を作るには、有権者の望みを合理的・科学的に「マーケティング」して政策を磨き、地方政治から「変える」実行力を示して有権者の信頼を勝ち取り、そして最後はバラバラにならずきちんと「決める」強固な組織を地道に作らなければならない。

また、そのような地道な組織づくりがあればこそ、政権与党の信頼失墜をきっかけに政権交代の風を吹かせることができる。

今は安倍一強が長く続いているが、現在の選挙制度はひとたび与党に信頼失墜が起きれば、いつでも政権交代の風を吹かせることができる。その土台には地道な組織づくりが必要不可欠である。

どうすれば政権を奪取できるか。

一歩一歩積み上げる長期的な戦略と、政局がひとたび流動化したときに政権交代の「風」を吹かせる戦術。本書ではそのどちらもフルに書いてある。

有権者も、強い野党を作るという意識を持つことが重要だと僕は思う。

もう一度問う。あなたは今の自民党一強政治で本当にいいと思っているか？

強い野党をどうすれば作ることができるか。僕の8年間の生きた政治経験をフルに注ぎ込んで語ってみたい。

政権奪取論

強い野党の作り方

目次

第2章　正しいポピュリズムこそ民主主義

第3章 「マーケティング」で有権者をつかむ

第4章　「風」は地方から起こす

第5章　政策より「組織」が大事だ！

第6章　日本の新しい道

編集協力・国天俊治
帯写真・朝日新聞社

第1章　このままでいいのか、日本の政治

森友問題で麻生大臣は辞任すべきだった

今の安倍政権には、森友・加計学園問題について、真摯に事実を明らかにしようという姿勢が全く見受けられない。

追及を受けても、あらゆる点をまずは全否定し、それに反する決定的な証拠をつかまれてから、全否定を撤回・取り消しするという繰り返し。民間企業なら、このような事実確認に不誠実なトップ・経営陣は当然交代となるだろう。

こんな政府を、国民が信用するはずがない。

財務省近畿財務局が、学校法人森友学園に対し、大阪の国有地を適正価格の1割程度（すなわち約9割引き！）で払い下げたことが発端となった森友学園問題。安倍首相の妻である昭恵さんが同校の名誉校長だった点などで、安倍首相の関与が疑われたが、直接値引きを指示したり、賄賂を受け取ったりといった不正・違法な事実を裏付ける証拠は出てきていない。

しかし、問題がないわけではない。安倍政権に国民の信頼を著しく害する事情が存在したのは確かであり、未だその信頼回復ができていないことが大問題だ。

信頼回復につとめるどころか、全否定を繰り返したあげく、起きたのが財務省理財局による決裁文書改ざんだ。

財務省が国有地払い下げの経緯を記した文書を国会に提出した際、安倍夫妻や政治家の関与が疑われかねない記述や財務省の当初の説明と異なる記述を約300カ所にもわたって改ざんしていたことが発覚。公文書の改ざんは民主主義の根幹を揺るがす事態であり、徹底的に追及されねばならない。

当時の責任者であった佐川宣寿《のぶひさ》元理財局長は、国会に証人喚問された際、「記録は破棄されており、残っていない」と断言していたが、その後財務省は、森友学園と近畿財務局の交渉記録を国会に提出し、続いて改ざんの調査報告書も公表した。

財務省が公文書改ざんを行った理由として言われているのが、2017年2月に安倍首相が森友学園問題について「私や私の妻が関与していたなら総理大臣どころか、国会議員も辞める」と全否定したこと。

財務省の報告書では佐川さんの答弁に整合性を持たせるため、記録を廃棄したとあるが、そもそも佐川さんがなぜあの答弁をしたのかの動機は出てこない。でも、安倍さんの答弁に影響されたことは間違いないと思う。

安倍政権としては、「すべては財務省が勝手にやったこと」という形で幕引きを図る構えだが、僕の考えでは、麻生大臣は当然辞任すべきだった。

確かに、政治と行政はある種の緊張関係を持つ。ゆえに、行政の不祥事について政治が全ての責任を負うということになれば、行政がわざと不祥事を起こして政権を倒すことも可能となる。いわゆる行政の自爆テロというやつだ。ここが経営陣と現場組織が運命共同体である民間企業と、そうではない役所組織の異なるところだ。だから、役所職員の個別のミスや不祥事で、直ちに政治家である組織トップの大臣等が辞任すべきものではない。森友学園に対する国有地売却をめぐる不当な値引きについても、麻生大臣や安倍政権等による直接の違法不正行為がない限り、組織トップが辞任する必要はない。

しかし、今回の「公文書改ざん」という組織的不祥事については、民間企業であれば組織トップや経営陣は当然辞任するレベル。財務省は国民の代表である国会を、1年にわたり欺《あざむ》き続けた。民間企業が消費者や株主に対して同じようなことをしていたらどうか。即刻、経営陣は総辞職だろう。

もし今回の財務省による公文書改ざん不祥事で総理や大臣が辞任しないというのであれば、今後民間企業で同レベルの不祥事が発生したときには、所管官庁は民間企業のトップに、辞任を求めることができなくなることを肝に銘じておかなければならない。

「会計検査院による調査」は悪知恵

そして何よりも、麻生さんが大臣を辞めるべき理由は組織トップとしての「調査能力不足」である。

森友学園に対する土地の不当値引きが野党に指摘されたのは2017年2月だが、そこから安倍政権が陣頭指揮を執って積極的に事実関係を確認した様子はない。麻生大臣は官僚の報告をそのまま国会で述べるだけだった。追加の調査もしないと言い切った。

森友学園を巡る財務省役人の国会答弁は、どう考えても国民をコケにした内容だった。書類やデータが廃棄されたので事実確認はできないという答弁をあれだけ連発しながら、関係者にヒアリングはしていないし、今後も行う予定はないと堂々と言う。そうしたふざけた答弁を、麻生大臣・安倍政権はなぜ放置しておいたのか。

安倍首相は翌3月には早々と、土地の値引きの経緯は会計検査院に調査してもらうとの方針を示し、自ら調査することから逃げた。安倍政権が調査の陣頭指揮を執れば、最終的に必ず真実を明らかにしなければならなくなるが、会計検査院の調査なら明確な違法行為や問題点の指摘にとどまり、真実を明らかにするものではない。さらに検査期間も1年近くかかる。そのことを熟知した側近官僚が、逃げ切り戦術として考えた悪知恵そのものだ。8億円の値引きの根拠があまりにも杜撰《ずさん》であった点は、会計検査院も指摘せざるを得なかった。しかし案の定、会計検査院は資料不足から真実解明はできないというスタンスだった。このままであれば安倍政権と財務省は逃げ切れたのだが、朝日新聞の執拗な報道によって、財務省は公文書の改ざんや破棄の嘘を認めた。これも最後の最後まで財務省側は、改ざんや嘘を認めなかったが、逃げ切れない決定的証拠を次から次へと突き付けられて、やっと認めるという体たらくだった。

官僚の報告を鵜呑みにせず、総理や大臣が指揮を執って、場合によっては強力な権限を与えた第三者調査委員会の形をとりながら調査をすれば、8億円の値引きに根拠がないことはすぐにわかったはず。さらに会計検査院が財務省から入手できなかった資料についても、総理や大臣が人事権を行使しながら官僚組織を動かせば、資料などは簡単に出てくる。内閣人事局による人事権は、このようなときに行使するものだ。会計検査院が明らかにできなかった真実も、総理や大臣の陣頭指揮による調査であれば明らかになったはずだ。

世間を騒がせた日本大学アメリカンフットボール部の悪質タックル問題は、第三者調査委員会による調査に委ねられ、18年7月30日に最終報告書が発表された。監督・コーチら当事者が否定していた事実についても、調査委員会はしっかりと事実を認定し、関係者に対して厳しく責任を問うた。いくら当事者たちが否定しようが、それを嘘だと論難することが第三者調査委員会の重要な役割。公文書を改ざんし続け、国会で嘘を言い続けた財務省にこそ、第三者調査委員会の調査が必要だ。

森友問題では、検察も捜査の結果、国有地の値引きに不正はないとした。このことをもって安倍政権やその応援団には「潔白が証明された」とする主張も見られる。しかし、検察は犯罪として刑罰を科すことはできないとしたまでだ。すなわち、社会において最も厳しい罰である刑法上の罰を科すほどの不正はなかったというだけで、政治的・行政的にも責任が一切ないということではない。

強い野党の存在こそ最大の抑止力

安倍政権は究極の第三者調査は検察による捜査だ、と主張するが、これはでたらめな言い訳だ。さきほど書いたように、検察の捜査は「犯罪行為に罰を科すためのもの」で、その範囲でしか事実を明らかにしない。ゆえに罰を科さない不起訴となれば事実を明かさないのが原則だ。やはりというべきか、検察の捜査によって、財務省関係者は全員不起訴となり、検察も申し訳程度の会見を開いたが、肝心なところは「捜査の内容にかかわるので」として何も明らかにしなかった。

また、公文書改ざんの中心人物とされた、当時の財務省理財局長であった佐川宣寿氏は国会の証人喚問で「刑事訴追の可能性があるので」を連発し、肝心なことは全て証言拒絶。その後、不起訴となった。結局、財務省作成の報告書だけが残り、国民はそれを信じなければならない羽目になったが、この報告書は、前述のように国民が最も知りたがっている「佐川氏が公文書改ざんに走った動機」を明らかにしていない。

福田淳一元財務事務次官のセクハラ問題でも、麻生さんには組織の不祥事に対する調査能力がなかった。政治家である大臣の役割である「官僚機構に対するチェック」が行えていないのだから、大臣としての適性を著しく欠くと言わざるを得ず、麻生さんは大臣を辞任するしかないと僕は思う。

そして、僕がここで言いたいのは、もし強い野党が存在し、政権交代の可能性があるような状況だったら、公文書改ざんなどといった事態は起こり得なかったということ。

官僚たちは、この先ずっと自民党政権が代わることはないだろうと思っているから、命をかけて安倍政権に尽くす。政権のいうことを聞かないと、自分の出世に影響してくるからだ。しかし、野党による政権交代が起こりうる状況ならば、官僚たちは公文書改ざんなどという危ないことをするはずがない。政権を取った元野党に、徹底的にいじめられるからね。

僕が大阪府知事と大阪市長の時代は、役所にはそうした健全なブレーキが働いていた。僕が示す方針に対して、役人は必ずしもべったりになどならない。反対なら反対だとはっきり言ってきた。「大阪維新の天下がずっと続くわけじゃない。次に自民党に代わったときに、私らはもう生きていけなくなりますから」と言う。彼ら彼女らからしてみれば、そりゃそうだろう。

財務省の公文書改ざんを受けて7月に政府が決めた再発防止策では、官僚の意識改革や処分強化がもっぱら謳われている。しかし、官僚組織が中立公正に働くためには、ルールによって縛る以上に、「強い野党の存在」が欠かせない。

加計学園問題は「外形的公正性」でアウト

一方で、加計学園問題の核心はどこだろうか。

学校法人「加計学園」は52年間どの大学にも認められていなかった獣医学部の新設が許される「国家戦略特区」の事業者に選定された。加計孝太郎理事長が首相の「長年の友」であったため「特別の便宜」を疑われている。結論から言うと、これも森友学園問題と同じように、今のところ、安倍政権側に明らかな不正・違法性は認められない。

しかし、森友問題と同様に、安倍さんの間違いは「自分の力で行政を捻じ曲げていない、だから問題ない」と開き直るところ。実際に捻じ曲げたかどうかではなく、捻じ曲げたと「疑われないように」手続きを踏んだかどうかが政治では問われる。この手続き的適正のことを「外形的公正性」と言う。言いかえれば公正「らしさの」確保だ。実際に不正や違法がなくとも、それがあるかもしれないと強く疑われたり、公平性・公正性を欠くように見えたりするような外形は避ける、という理論だ。

ちなみにこの外形的公正性は、司法の世界では当たり前の概念だ。例えば、裁判長は直系の親族が被告人になればその裁判から降りねばならない。僕が裁判長として、息子を刑事被告人として裁けるか？　僕は法と良心に従って、息子を公正に裁く自信があり、違法・不正はないと主張したとする。しかし、きちんと裁くか、違法・不正があるかないかは関係ない。僕が息子を裁くという外形的事実それ自体に、国民の信頼を得る公正性がない。したがって僕は息子の裁判手続きから除外される。このような外形的公正性を確保する手続きは除斥・忌避・回避といって、きちんと制度化されている。

こう見ると、安倍さんと安倍政権に違法や不正がなく、直接行政を捻じ曲げるような指示がなくても、実質的に事業者選定に入った段階での安倍さんと加計さんとの飲食は外形的公正性の観点から大問題だった。

ここを野党は徹底的に追及すべきだ。

加計学園問題がこれほどこじれている大きな理由の一つは、国家戦略特区制度に内在するある重大な欠陥にあると僕は見ている。

国家戦略特区制度とは、現在の法令や制度では認められないような特権的な利益を、国から特定の事業者に与える制度だ。

そうした「例外」を「国のために必要である」と国民に納得してもらうには、不正や違法性のある行為は論外として、疑問を抱かれるようなグレーゾーンの行動まで徹底して排除しなければならない。例外を与える側の政府と、例外を与えられる側の事業者が不透明な接触を持っていたら、真実がどうあろうと、国民はそこに癒着を感じ、不信感を持つ。

実際に違法、不正があるかどうかではなく、疑われないような手続きにしなければならない。例外を与えられる事業者を選定する手続きに入った段階で、政府側と事業者側の接触は厳格に禁止されるべきだ。現に、入札手続きではそのようなルールになっており、入札手続き中に役所側と事業者側が接触すれば、入札は中止になるか、事業者側は失格となる。

ところが、国家戦略特区制度は、現行法制度に例外を認める「制度改正」手続きと、その例外をどの業者に認めるかの「事業者選定」の手続きとが明確に区分けされておらず、制度改正手続きの中で、実質的な事業者選定も行われていた。そしてこの実質的な事業者選定の段階で、例外を与える「最高権限者」の国家戦略特区議長である安倍首相と、例外を与えられる事業者である加計学園の加計理事長が、正規の手続き外で親しくゴルフや飲食をしていたというのだ。

安倍さんの行動自体が、ずいぶん脇が甘いものだったと言わざるを得ない。

僕が大阪府知事のときに、府立高校の校長を民間から公募したことがある。そこに僕の大学時代の友人が手を挙げた。校長の採用は、法律上、教育委員会が権限を持っているので僕には何の権限もない。それでも、知事は何らかの影響力を持っていると世間では思われる。だから僕は、その友人と話し、採用手続きが終わるまでは連絡はしないし、会わないでおこうと決めた。その後、友人は激烈な競争率の中、見事、採用試験に合格した。僕の友人が校長として採用されたこの件について、不正があったのではないかと疑われたことも批判を受けたこともない。

カジノ誘致で大阪府が課したルール

行政が事業者に何らかの仕事を発注する際、事業者選定の手続きの段階に入れば、行政側と事業者の間に「接触ルール」が適用され、正式な手続き以外での接触は禁じられる。飲食は当然、面会すら禁じられるのが普通だ。

僕が大阪府知事を務めていた時代には、外形的公正性を重視し、事業者を選定する手続きにおいて、行政と事業者の間に厳格な「接触ルール」を設けた。もしそれに反した場合、その事業者は選定対象から除外されるか、手続きの中止が行われる。大阪府ではそのルールや精神はいまでもきちんと機能している。

2018年7月、国会でカジノ実施法（IR推進法）が成立したが、大阪府では僕が知事に就任した08年からカジノを含む統合型リゾートの構想を推進し、その誘致や法律の制定に必死に取り組んできた。法案の成立を受け、今後はいよいよ具体的に事業者を選定する手続きに入る。

そんな状況だから、実施法が成立する前から、松井一郎大阪府知事のところには、世界のカジノ事業者やその代理人、ロビイストたちがひっきりなしに表敬訪問に来ている。僕が知事のときから、来ていた。

もしそこで松井さんが、どこか特定のカジノ事業者と、正規の手続き外で飲食をしていたら国民はどう思うか。ゴルフをしていたら、どう感じるか。そして、その事業者が正式に選ばれたとしたら、どんな想像をするか。松井さんが実際に賄賂を受け取っていなかったとしても、国民は疑いの目を向け、他の事業者も納得はしない。

カジノのような莫大な利益を生むビッグプロジェクトなら、なおさら外形的公正性は厳格に確保しなければならない。だからカジノ実施法成立以前の、まだ正式な事業者選定の手続きに入っていない頃から、松井さんは知事室などでの正式な表敬訪問以外には、特定カジノ事業者と一切接触していない。

さらにカジノ実施法が成立したことを受けて、松井さんはルールをさらに厳格化した。府の職員もこれまで以上に厳格な接触ルールが適用されるようになった。松井さんや職員は、カジノ事業者やその代理人と正規の手続き外では接触しないこと、接触するにしても役所の決められた場所で複数の職員が同席すること、カジノ事業者側からカレンダーなどの粗品を受け取らないこと、カジノ事業者側のパーティーに参加するなどの便益を受けないこと、などのルールだ。

これを書いている最中にも、大阪府の統合型リゾートの誘致をサポートするコンサル業者が、大阪「天神祭」において、あるカジノ事業者が出した船に乗ったという。厳密にはルール違反ではないが、外形的公正性の確保から大阪府はこのコンサル業者に厳重注意を与えた。松井さんや大阪府のこの慎重さが、加計さんと軽率に飲食やゴルフを楽しんでしまった安倍さんとの決定的な違いだ。

安倍首相は本当に「何も知らなかった」のか

加計学園問題について、安倍さんは国会で「加計学園が特区で獣医学部の新設を申請している事実は2017年1月20日に初めて知った」と発言した。

安倍首相は、獣医学部の事業者選定が本格化した16年においても、加計学園の加計孝太郎理事長と飲食・ゴルフをしていた。

加計学園は、特定の事業者に特権を与える政府手続きの利害関係者であり、その理事長との飲食・ゴルフは大臣規範（国務大臣、副大臣及び大臣政務官規範）に抵触する可能性がある。そうした疑惑を全否定するために、安倍さんは、加計学園が利害関係者＝特区の申請者であることを知ったのは、17年1月20日であるとしたのだろう。

そして、安倍さんのその発言に疑いを抱かせるような事実、例えば15年4月、当時安倍首相の秘書官だった柳瀬唯夫元経済産業審議官が加計学園関係者と面会したことなどは徹底して隠されていた。

仮に、柳瀬さんが安倍さんに対し面会の報告をしていれば、安倍さんは加計学園の特区申請に関して15年には知っていたことになり、国会答弁は虚偽になる。柳瀬さんは加計学園関係者との接触の事実を当初は認めることはなかったが、その後出てきた愛媛県作成文書によって、加計学園関係者と同行していた愛媛県職員との接触の事実は認めざるを得なくなった。ところが柳瀬さんは、今度は愛媛県職員とは加計学園の特区申請の話はしたが、そのことは上司である安倍さんに報告をしていないと答える。

しかし、そもそも安倍さんと加計さんの友人関係からして、一般的な感覚からすれば、17年になるまで安倍さんが加計学園の動きを「何も知らなかった」というのは、極めて疑わしい。

安倍さんと加計さんは40年来の親友であるという。13年の第2次安倍政権発足以来、少なくとも14度は接触し、安倍さんの奥さんである昭恵さんを含めた会食やバーベキューパーティー、ゴルフなどを楽しんでいたことが明らかになっている。

加計学園による獣医学部の新設は、構造改革特区制度を活用する形で、07年から14年の8年間で15回も申請されたが、すべて却下されてきた。加計さんはそれほどの執念を持って、獣医学部新設に挑んでいた。

そうした関係性と背景のもと、加計さんが首相となった安倍さんとプライベートな時間を過ごす中で、獣医学部の新設についてまったく話さなかったというのか。自分に置き換えて考えてみればわかるが、心を許した友に、自らが心血を注いで行っている挑戦について話さないというのは不自然だろう。

安倍さんは「加計さんとは仕事の話はしない。何か頼まれるようなことはなかった。だから友人関係が続いている。加計さんは新しいことにチャレンジしたい、新しい学部を作りたいというような話はしていたが、獣医学部の新設で特区申請する話は聞いていない」旨、発言している。

僕も知事や市長時代、友人などから行政のおかしな点や、具体的な提案はさんざん聞いた。その際、「分かった。改革に挑戦してみる。だけど事業者選定は公募だから、お前のところに仕事が行くかどうかは別だからな」と返していた。

安倍さんと加計さんの間柄なら、安倍さんが加計さんに、じゃあ具体的にどんなことにチャレンジしたいのか、と突っ込むのが普通だろう。新しいことにチャレンジしたいと言われて内容も聞かずに、「そうか頑張れ」とだけ返すような、そんな大人の会話がどこにあるものか！

野党は尋問の技術を学べ

ここで真相解明に野党の出番ということになる。柳瀬さんは首相秘書官時代、加計学園関係者と面会し、安倍さんにその事実報告を行っていたのか。しかし、2018年5月の柳瀬さんの参考人招致での野党の尋問はお粗末だった。

野党の尋問全体について言えることだが、確たる証拠をつかんでいない段階で、いきなり「お金をもらったでしょ？」「指示したでしょ？」「会ったでしょ？」などと本丸を追及してもダメ。

案の定、柳瀬さんに対しても「加計学園関係者と会ったのか？」「総理に報告をしたのか？」とストレートに問うばかり。当然「会ったとの記憶がない」「報告はしていない」

と否定されて終わりだった。どんなに執拗に聞いたところで、柳瀬さんの答えは変わらない。ここでいくら「愛媛県職員と会った記憶があるなら、そこに加計学園関係者がいたことの記憶もあるはずだ」「上司である首相に報告をしていないというのはあり得ない」「常識的に言っておかしい」と声を張り上げても、それは単なるヤジでしかない。

では、野党は本丸を攻める前にどうすべきだったのか。

まずは周辺事実を徹底的に調べること。関係者へのヒアリングを十分に行って、周辺事実を周到に調査した上で本丸を攻めるというのが、尋問の原則だ。

首相秘書官は、何をどこまで報告し、逆にどのようなことなら報告せず済ませるのかという仕事の慣行を、首相秘書官経験者などから聞き、首相秘書官の報告の基準をおさえておく。こうして、報告の基準を明らかにすれば、愛媛県職員と面会し、加計学園の特区申請について話したことを安倍さんに報告しているかどうかが浮かび上がってくる。いくら本人たちが報告はしていないと主張しても、普段の業務からすると報告しているはずだと追及できるし、国民は報告があったと感じる。

また、柳瀬さんは「政府外の民間人から面会申し入れがあれば可能な限り会っている」と答弁し、加計学園関係者との面会は通常の業務であって、特別ではないと主張した。

この点に関しても、野党は「首相秘書官が誰とでも気軽に会うわけがない」と感情論をぶつけているが、そんな批判は意味がない。

この場合、柳瀬さんに日常の面会状況を詳しく聞き、どのような場合に、どのような相手とは面会して、どのような相手とは面会しないのか、その基準を明確にしていく必要があった。もちろんこれも柳瀬さんに直接確認する前に、首相秘書官経験者や周囲の者にヒアリングしたり、官邸等から首相秘書官の面会基準に関する資料を取り寄せたりしておく。これが本丸攻めの前に、周辺から攻めるということだ。

首相秘書官とは、霞が関官僚の中でも出世頭と目される人が就くことができる仕事だ。政府の内外を問わず、多くの人と面会しなければならない立場で、多くの課題を素早く処理していく高度な事務処理能力を持った人でなければ務まらない。

面会の際、「この人とは会うべきか」「記録はとるべきか」「首相に報告すべきか」などと一々悩んでいては、仕事にならない。だから柳瀬さんには、自分なりの一定の事務処理基準があるはずだ。

その基準を明らかにすることが、柳瀬さんへの尋問の最大の目的である。

面会の基準、面会記録を残す基準、首相に報告する基準が浮かび上がってくれれば、では今回の愛媛県職員や加計学園関係者はどうだったのか、という話ができる。そして、この程度の用件なら通常は面会に応じていない、あるいは、いつもなら必ず記録を取っており首相にも報告しているはずだ、ということになれば、通常の行動基準とは正反対の答弁をしたのはおかしい、と指摘できる。そして柳瀬さんは、それに対して「いつもと違う行動」をとった理由を説明しなくてはならなくなる。そうやってボロが出るまで追い込んでいくのが、尋問の技術というものだ。

業界団体との癒着こそが大きな問題

加計学園問題で広く知れ渡ることになったが、日本では獣医学部がこれまで50年以上にわたり、新設が認められてこなかった。そのこと自体が異常だと思う。

その裏にあるのは、獣医師会の意向だ。獣医師が増えるほど激しい競争にさらされるため、獣医師会としてはその数を抑制したい。そこで獣医師会の政治団体「日本獣医師政治連盟」は政治や行政に働きかけ、政治や行政もそれに応え、獣医学部の新設を認めないようにしてきた。ちなみに大学の学部設置が抑制されているのは、現在、医学部、歯学部、獣医学部、船舶職員養成学部の４分野。

しかし、こうした学部を新設置するには、国会で喧々囂々《けんけんごうごう》の議論をして法律改正を行う必要は全くない。「文部科学省告示」というもので獣医学部の新設が制限されているのだが、これは文部科学大臣が自分の署名だけで、一発で制定・改正できる。国会での議決を得る必要はない。

それにもかかわらず、歴代の文部科学大臣がその告示を改正することができなかったのはなぜか。日本獣医師政治連盟を守るいわゆる族議員や文部科学省の官僚のすさまじい抵抗に、大臣が負け続けてきたということだ。

僕はテレビ番組で、文部科学大臣だった馳浩さんと少し議論をしたけれど、「告示はすぐに改正できるはずなのに、なぜやらなかったのか」と聞くと、馳さんは「いろいろな事情がある」と答えた。さらに「事情とは何か」と問うと、「獣医師政治連盟が……」と言葉を濁した。強い働きかけの存在は明らかだ。

自民党の石破茂さんは否定はしているが、日本獣医師政治連盟側からは「石破さんに働きかけをして学部新設が非常に困難になる条件を付けてもらった」という発言が出ている。獣医師政治連盟側には、麻生さんはじめ多くの有力議員が顧問などで関与しているほか、連盟側は与野党を問わず多くの議員の政治資金パーティーのパーティー券を購入したり、議員に寄付をしたりしている。加計学園の獣医学部新設を強烈に批判している国民民主党の玉木雄一郎共同代表も、獣医師政治連盟側から寄付を受けていた。

このように獣医師政治連盟側は、自分たちの利益を守るために与野党を問わず、政治家とはがっちり強い関係を結んでいる。そして政治家はその意を汲んで行動する。

業界団体の既得権を守る規制を打破し、新規参入やイノベーションを促すことは経済成長の柱だ。これまで業界団体とがっちりタッグを組んできた自民党には、業界団体の既得権を打ち破ることは困難。だからこそ、野党にその役割が期待される。安倍政権も規制緩和をアベノミクスの第三の矢と位置付け、獣医学部の新設を成長戦略の一つに据えた。

業界団体と政治家が築き上げてきた岩盤規制を打ち崩すのは政治の役割だ。これは官僚ではできない。その際、いきなり制度全体を変えるのではなく、一部地域のみ例外を認めるという特区制度を活用して、岩盤規制に風穴を開けることは有効だ。そうであれば、政治側から岩盤規制を打ち砕く方針を行政に指示するのは当然のことだし、改革の主導者たる首相の意向や岩盤規制を守ろうとする関係者への政治的圧力が強くなければ、岩盤規制など打ち破れない。

だからこそ安倍政権は「文部科学大臣ができないなら自分でやる」という意気込みで国

家戦略特区制度を設け、そこで獣医学部の新設を認めたい国家戦略特別区域諮問会議（特区会議：議長は総理大臣）や内閣府と、新設を認めたくない文部科学省をバチバチに対決させた。

新設を認めたい側は、もちろん安倍さんの意向を背負っている。他方、新設を認めたくない側は、日本獣医師政治連盟の意向を受けている。

こういう状況だから、特区会議の議論の中で「首相案件」や、「安倍さんの意向」というような言葉が飛び交っても、何らおかしくはない。既得権を打破する改革は、トップである首相の強烈な意向がなければ実行できないということは、理解しておくべきところだ。そして安倍さんの意向だけが問題視されたが、当然、獣医学部新設に反対する獣医師政治連盟側の意向も特区会議の中で押し出されていたことは認識しておかなければならない。改革とは、意向と意向のぶつかり合いだ。

そもそも、獣医学部を新設することくらいが、国家戦略の柱の一つになるということがおかしい。この程度の問題で首相がここまで政治的エネルギーを消耗し、国家戦略特区という大げさな仕掛けを使わないといけないというなら、他の大きな改革など実行できるわけがない。

獣医学部の新設などは、首相や政権の意を受けた文部科学大臣が、スパッと文部科学省告示を変更すれば一日でできることだ。アメリカのトランプ大統領は、次から次へと大統領令にサインをして改革を実行している。もちろんある程度の議論は必要だが、50年以上も獣医学部が新設されず、加計学園は8年にもわたって新設を申請したのに15回も却下されたというのは異常すぎる。業界団体から距離を置いた、強い野党が存在しなければ、日本の大改革は進まない。

防衛省の「日報隠蔽」に潜む危機

自衛隊の日報隠蔽《いんぺい》問題についても、述べたい。

改めて整理しておくと、2016年7月、南スーダンの首都ジュバで、政府軍と反政府勢力による大規模な戦闘が発生。当時PKOにあたっていた陸上自衛隊の日報にも、「戦闘」という言葉が記されていた。

同年9月に、あるジャーナリストが防衛省に対しこの時期の日報の情報公開を求めたものの公開されなかった。そして12月、「すでに破棄された」として防衛省は不開示を決定。しかしその後の調査で、統合幕僚監部に電子データの形で保管されていることがわかり、防衛省・自衛隊による隠蔽が発覚した。

日報の開示請求が行われたこの時期は、ちょうど国会で、安全保障関連法に基づいていわゆる「駆け付け警護」を自衛隊の新任務として付与すべきかどうかや、南スーダンのPKOに参加する自衛隊部隊の派遣延長の是非が焦点となっていた。野党から、駆け付け警護による自衛隊員のリスク、現地の治安状況の厳しさなどが指摘されたのに対し、政府は「現地の治安情勢は落ち着いている」という答弁を繰り返していた。現地での治安状況が悪化すれば、自衛隊派遣の遵守事項であるPKO5原則に反する可能性が出てくる。

安倍政権は、日本の安全保障についてはこだわりがあり、自衛隊の活動範囲を広げることに強い政治意思を有し、そのことは世間も知るところである。このような背景から、防衛省・自衛隊は、PKO活動が制限される理由になりかねない、現地の治安状況悪化を記した南スーダン日報を隠蔽したと考えられる。

さらにその後、防衛省が「存在していない」としていた陸上自衛隊のイラク派遣の際の日報に関して、小野寺五典防衛相の発表によれば、17年3月に陸上自衛隊の研究本部で見つかっていたという。それが防衛省の事務方である統合幕僚監部を通じ大臣に報告されたのが、18年3月だという。

防衛省・自衛隊による隠蔽工作は確かに問題だが、僕がもっとも問題だと思うのは、大臣と防衛省や陸上自衛隊の最高幹部との間で、コミュニケーションがまったく取れていなかったことだ。

南スーダンの日報も、存在するという事実が当時の稲田朋美防衛大臣に報告されたのは17年1月27日であり、発見から約1か月後のことだった。イラクの日報に至っては、小野寺大臣への報告まで1年近く隠蔽されていたというわけだ。

防衛省が行った特別防衛監察の報告書によって、自衛隊の現場が勝手に情報を隠蔽する様子や大臣からの指示を無視する様子、そして大臣の指示を防衛省の幹部や自衛隊の幹部がきちんと理解できなかった様子が明らかになった。

大臣と防衛省幹部や自衛隊幹部との間に存在するコミュニケーションの壁を放置すれば、極端な話、政府の指示を無視して自衛隊という実力組織が暴走する可能性も高くなる。そんなあってはならない事態を避けるためには、今ここで、大臣と防衛省や自衛隊組織に存在する根深い問題を徹底的に明らかにして、解決しておかなければならない。大臣側からどんな指示を行い、防衛省や自衛隊はそれをどう受け止めたのかという流れを明らかにして、問題の箇所を修正する必要がある。

しかも、特別防衛監査の対象は自衛隊組織の内部にとどまり、防衛大臣は監査対象にはならない。稲田大臣と防衛省幹部や自衛隊幹部の間では、事実認識などに齟齬《そご》があり、そこがあやふやなまま、今日まできている。

これは自衛隊という実力組織に対するシビリアンコントロールの根幹に関わる問題。現場から政治に適切な情報が上がらなければ、適切な判断ができない。政治が自衛隊に出した指示を、自衛隊が適切に実行しなければ、作戦など実行できない。特別防衛監察によって明らかにできなかった、稲田さんと防衛省、自衛隊の指揮命令・報告メカニズムについては、安倍政権が陣頭指揮を執って第三者調査チームを作り問題点を明らかにすべきである。

ここでも安倍政権には調査能力が欠けていると言わざるを得ないが、これも野党が弱いからこのような緊張感を欠いた甘い対応ができるのだ。野党が弱いということは日本の政治にとって不幸である。

このように安倍政権の失態が続いても、今のところ自民党の支持率は下がっていない。安倍政権の支持率も下げ止まっている。しかし、来るべき憲法改正の国民投票時には、有権者に賛成か反対かの選択が生じる。この時に、森友学園問題、加計学園問題、陸上自衛隊日報隠ぺい問題などの諸問題への不誠実な対応は必ず影響してくる。

僕自身、15年5月17日に実施した大阪都構想の住民投票では、国民投票や住民投票は、提案者に対する信頼性が非常に影響してくることを痛感した。今の安倍政権のままでは、安倍さんが提唱する憲法改正案では、有権者は反対の方向に振れるのではないかと感じている。

「是々非々」から「新しい方向性」を提示する

共産党や立憲民主党のような「自民党にはすべて反対」の野党には、国民は期待を感じない。

今国民が野党に求めているのは、いいものなら徹底して賛成、悪いものは徹底して反対という「是々非々」の姿勢だと僕は思う。政権与党に「反対」するだけでは、その野党が目指す日本の新しい道が見えず、無党派層を少しでも多く取り込むべき現状において、支持は広がらない。

大阪維新の会が作った国政政党・日本維新の会は政権与党に対して「是々非々」のスタンスを掲げてはいるが、「非」の部分が圧倒的に弱い。本来なら、この章で挙げてきたような安倍政権の問題に対し、烈火のごとく怒って、徹底追及していかねばならないのに、日本維新の会はそれをしない。

世間では誤解されているが、是々非々とは「日和見」ということではない。賛成するところは政権与党が考えるよりもさらにその政策を推し進め、反対すべきところは徹底的に反対するというメリハリが是々非々というものだ。ところが今の日本維新の会はここが弱いため、結果的に国民からは自民党の補完勢力と見られてしまっている。

とりあえず形だけは「是々非々」というスタンスを掲げる日本維新の会がよくアピールするのが、政権与党が提案する法案について、文言を修正させたり、付帯決議を取ったりという成果だ。たしかに永田町界隈では「よく勝ち取った」と言われるケースもあるかもしれないが、有権者には細かすぎて多くの場合その成果は伝わらない。日本維新の会も、修正や付帯決議の「中身」よりも、修正や付帯決議を取ること自体が目的化しているようだ。

２０１７年に成立したいわゆる「共謀罪」法案に関して維新は賛成に回った。共謀罪でテロを取り締まるという目的に、僕は賛成だ。

この法案が審議されている当時、維新の政策顧問だった僕がアドバイスしたのは、中身を十分に吟味した上、改善すべき点は指摘したほうがいいということだった。

最大の焦点は、刑事裁判における取り調べの可視化だ。

犯罪が複雑化・多様化している現代社会においては、捜査する側にある程度の捜査権限を与える必要がある。そうでなければ十分な捜査などできはしない。共謀罪のように取り締まることができる範囲を広げ、司法取引も認め、通信傍受も広げるべきだ。しかし、それだけでは捜査機関が暴走する可能性もあるため、バランスを取る形で、被告人側の防御権も強くしておかねばならない。そのためには、取り調べを可視化することが必要不可欠だ。これまでの野党は、捜査権限を強化することには犯人と疑われる者の人権侵害を持ち出して徹底反対だった。しかし犯罪が野放しになることは被害者となる者の人権侵害にもなる。ゆえに、犯罪摘発の強化と疑われた者の防御権の強化。この2つを同時に進めることが必要だし、このような主張を展開する政党はこれまでなかった。

僕は、捜査機関のあらゆる取り調べは可視化されるべきだし、弁護士の立ち会いも当然であると考えている。これは現代の欧米先進諸国では当たり前のルールだ。しかし日本では、取り調べ可視化を義務づけているのは、刑事事件全体のわずか3％ほどだ。取り調べでの弁護士の立ち会いを権利として認める法律もない。

日本の取り調べのやり方は、欧米先進諸国からしてみれば、「野蛮」そのもの。イスラムの国では姦通罪や同性愛で石打ちの刑があったりするが、僕らがその話を聞いて野蛮だと感じるのと同じように、欧米先進諸国は日本の取り調べを野蛮だと感じている。また、僕らは中国の裁判について、中国政府当局の意向が反映される人権無視の裁判だと感じるが、欧米人からしてみれば、日本の取り調べは、それと同じくらい人権無視に感じる。

米軍の兵士が日本で犯罪事件を起こすと、日本の法律で裁けない日米地位協定の存在がいつもやり玉にあがる。だが、アメリカから見れば、野蛮な日本の捜査機関や裁判所などに自国民の兵士を引き渡せるはずがなく、日本の捜査・刑事裁判手続きを抜本的に欧米先進諸国並みに見直さなければ、日米地位協定の見直しもありえない。

そうしたこともあって、共謀罪というこれまでの犯罪概念を大きく広げる新しい罪を創設するなら、その容疑の取り調べについては、必ず可視化するという義務を盛り込むことが絶対条件だった。このような条件を入れ込むことができれば、政権与党とは異なる維新の新しい刑事裁判手続きについての考え方が明確になる。日本の新しい道筋を示すことが目的で、その手段として修正協議があり、是々非々の「是」=賛成があるはずだ。

ところが、結局、法律の条文に「取り調べ、捜査を行うに当たってはその適正の確保に十分に配慮しなければならない」を入れ、可視化については附則に「可能な限り速やかに検討を加える」との文言を入れるだけで、維新は共謀罪に賛成することになった。

方向性とビジョンを太く、明確に

僕はその当時、維新の政策顧問として助言するまでが役割で、意思決定には関与してはいけなかったので、維新から修正内容の報告を聞いたときには、「皆さんで判断してください」と答えた。

しかし、僕は「これじゃ維新は支持が広がらないな」と確信した。なぜなら、政権与党に共謀罪を修正させたことは事実だが、「取り調べの可視化が必要だ」という維新のメッセージは、国民に強く伝わっていないからだ。野党にとっては、政権与党とは異なる日本の新しい方向性を国民に知ってもらうことが目的で、法案に修正を入れさせるのはその手段にすぎない。共謀罪の修正は法律本文の修正であり、永田町では高く評価されるらしい。でも国民のほとんどは、今や修正があったことすら覚えていないだろう。維新の議員が満足するのは、修正を勝ち取ったことではなく、維新の考える新しい日本の方向性が国民にしっかりと伝わってからであるべきだ。

このように野党に求められる「是々非々」は、まず自分たちの党が考える日本の新しい道、方向性をしっかりと国民に伝えることを目的とした上で、それに沿う政権与党の態度振る舞いは是、沿わなければ非、と徹底することだと思う。そして是と非のメリハリを、これでもか！　というくらいに付ける。是のときには、政権与党が踏み出しにくいところまで強力に後押しし、非のときには烈火のごとく怒り狂って追及する。

もちろん、政治はきれいごとだけではやっていられない。大阪の改革や成長を実現するために、安倍政権には多くの力を貸してもらっていることは事実だ。だから、日本維新の会が安倍政権に協力するという面も多々ある。ゆえに僕が述べた「是々非々」は、政治評論家的なきれいごと、無責任なところがあって、日本維新の会からすると「橋下は何をきれいごと言っているんだ。大阪のために俺たちはここまでやっているんじゃないか」と反論したい気持ちが強いだろう。

しかし、政治の駆け引きで政権与党に協力したのであれば、そのことを正直に国民に伝えるべきだ。なのに修正を勝ち取ったと誇らしげに言うから、国民は冷めてしまう。政治的駆け引きによって、安倍政権から大阪にとって大きな利益を生む協力を引き出したことは、日本維新の会には何度もある。政治の駆け引きの中で賛成に回るのであれば、永田町でしか通用しないメンツを保つよりも、国民に正直に説明した方がいい。ただし、しょうもない修正をさせて政権与党の法案に賛成するくらいなら、反対したほうがいい。

とにもかくにも、自民党に対抗できる強い野党を作るには、まずは自民党とは異なる自分たちの太く新しい日本の方向性・ビジョン、すなわち日本の新しい道を打ち出していくことが求められる。

もちろんその方向性・ビジョンは僕の頭の中に明確にある。

くわしくは6章で述べるが、しかし方向性やビジョンを打ち出すだけでは強い野党は作れない。今の野党は、いい政策を作れば支持が集まると勘違いしている。強い野党になるには、有権者のニーズを的確に科学的にすくいあげる組織的能力、きちんと意思決定できる組織マネジメント、地方で実績を示した上での基礎票の獲得、そして政権与党の失政を政権交代の「風」につなげるしたたかな戦術が必要だからだ。順を追って話していきたい。

第2章　正しいポピュリズムこそ民主主義

正しいポピュリズムとはなにか

僕が政治の世界にいた8年間、ずっと言われ続けたのが、「橋下はポピュリストだ」という決まり文句だった。

ポピュリズムを「悪」と決めつけて批判する人は多い。学者やコメンテーターなど、自称インテリたちの間ではポピュリズム＝悪は常識だ。読売新聞のナベツネさんにもさんざん言われたけど、僕に対する「ポピュリスト」という言葉のほぼすべては、批判的な意味で使われてきた。

しかし僕は、ポピュリズムが悪であるとはまったく考えていない。

正確に言えば、正しいポピュリズムと間違ったポピュリズムがある。

もし国民がバカだったり民主主義が成熟していない国ならポピュリズムはダメだけど、国民が賢い国なら、その大多数の意向に沿った政治がいいに決まっている。その点、日本の有権者は、世界各国と比べて教育水準や民主主義の成熟度などあらゆる面でレベルが高い。だから、有権者の意向を国のかじ取りにはっきりと反映させても、それほど誤った方向にはいかないだろう。さらに、イギリス首相だったチャーチルの有名な言葉のように、民主主義以外によりましな政治体制は思い浮かばない。有権者の意向を重視する政治と、一部のエリートの意向を重視する政治を比べれば、前者がましであることは間違いない。

しかし、これは「なんでもかんでも有権者のいうことを聞け」ということではない。政治家は日々、高度な判断を迫られるが、どの政策が国をよくするか悪くするかは、究極的にはわからない。学者連中だって、100人いれば100通りのことを言う。

国を誤らせないように、一生懸命考え抜いてこれだと方向性を示すのが政治家の仕事。しかし、最後の判断は、国民に委ねる。もし間違った判断があっても、その責任は国民に平等に分担される。また、時の権力者が暴走する気配があれば、内戦で国民の血を膨大に流すことをしなくても、次の選挙で国民がその首を落として、権力者をすげ替えることだってできる。

そのようにして国民の選択が国を作り、動かしていくのが、日本のような成熟した民主国家における政治のあり方だろう。

もちろん、きちんとした情報公開をせずに、ウソの情報で国民をだまして多数を取っていくというのは、悪いポピュリズム。政治秩序を破壊しかねない。

だけど、持てる情報は全部出した上で有権者が選挙で一票を投じたのであれば、その選択に対して「ポピュリズムだ」と切って捨てるのは、民主主義に対する冒瀆以外のなにものでもない。

正しいポピュリズムこそ、民主政治の根本なんだ。つまり民主政治とは、有権者の意向を一生懸命探って進めるもの。それが僕の信念だ。

世界中で支持を集める「ポピュリズム」政党

政治学者の水島治郎さんが、『ポピュリズムとは何か』（中公新書）という本で書いているように、ポピュリズムはもともと、貴族や政治エリートなどによる少数派支配を崩し、民主主義を推し進める解放運動として出現した。そして、政治から疎外された労働者や農民、中間層などの政治参加と権利獲得の経路として、それは積極的に活用されてきた。

現代でも、ポピュリズムは同様の役割を担っている面がある。

たとえばイタリアで、２０１８年の総選挙で上下両院の第一党となった「五つ星運動」は「ポピュリズム政党」とメディアでは報じられている。この政党の主な支持層はイタリア南部の貧しい地域に住む中層、下層の人々だ。

イタリアの政治は汚職にまみれ、腐敗し切っている。その象徴とも言えるのが、９年にわたり政治の中枢に居続けたシルヴィオ・ベルルスコーニ元首相。マフィアとの癒着、殺人の共犯、マネーロンダリング、脱税、贈賄など、およそ元首相とは思えぬような10件以上もの容疑で裁判を起こされているという。

そうした政治のあり方にノーを突き付けたのが、09年に結成された「五つ星運動」。イタリアで生まれたすべての市民の生活を守ることを最優先課題に掲げ、「議員報酬の半分を中小・零細企業支援に」「党の政治家は2期務めたらいったん政治家を辞める」など、クリーンさと透明性の高さが支持されている。

僕はイタリアで彼ら彼女らと会い、話したが、腐敗した政治をなんとか変えたいという強い思いはこちらに伝わってきた。政治の世界でのキャリアこそ短いが、博士号を持った若く優秀な政治家が何人もいる。

イタリアでは政治家に対する贈り物は当たり前の世界。ところが彼ら彼女らは、僕が日本のお土産として持っていったちょっとした品に、大変恐縮していた。その直前に、別のある既成政党の幹部と会ったときに同じ品を渡したところ、「もうちょっと高価な品をお土産にしてもらえないか」と、先方のスタッフからうちのスタッフに連絡があったらしい（笑）。

世界に目をやれば、先進各国で「ポピュリズム」政党が躍進している。イタリア以外にも、ドイツ、ベルギー、オランダなど民主主義の先進地域であるヨーロッパで、その傾向が顕著なのは興味深い。14年5月に行われた欧州議会選挙では、ヨーロッパ各地でポピュリズム政党の存在感が高まった。フランスでは国民戦線、イギリスではイギリス独立党が反EUを掲げて、どちらの国でも欧州議会第一党に躍進した。16年6月にはイギリスでEU離脱を問う国民投票が行われ、離脱が決定した。強い野党により、政治が動いたわけだ。

イギリスの選択が果たして正しかったのかは何十年か経ってみなければわからない。専門家の中にも賛成、反対様々な意見があるが、これだけ大きな国の方針の変更について一専門家が絶対的に正しい意見を言えるわけがない。結果は歴史が証明するとしか言いようがなく、だからこそ有権者の選択に委ねるしかなかった。そして多数の有権者は離脱を選択したが、それは現状の政治への不満の表明である。この有権者の意思表明を無視していいわけがない。実際、その後イギリスの首相に選ばれたテリーザ・メイ氏は「これまでイギリスの政治は一部の者のための政治になっていた。これからは全イギリス国民のための政治を目指す」と反省と新たな決意を述べることとなったが、これこそポピュリズムの成果である。

でも、日本の多くの有識者や大新聞などは、EU離脱を「愚かな選択」と批判している。そういった批判をする人々は、自分の中で絶対的な正解がまずあって、それに合わない結果をすべて「ポピュリズム」としてレッテルを貼り、ポピュリズムは悪だと盲目的に批判しているように思えてならない。なぜ有権者がそのような選択をしたのか、現状の政治のどこに問題があったのかの分析が全くない。

トランプ米大統領が、特定の国に対して自国の関税を一方的に引き上げる通商政策は自由貿易に反する保護貿易だと、世界の有識者から徹底的に批判されている。僕も自由貿易の方がよりベターな結果を生むことは十分認識しているが、今の貿易ルールに問題点が全くないのか？　現在WTO（世界貿易機関）や既存の自由貿易協定などで定められている関税率は、政治力を持った業界団体の意向を汲んだ政治的妥結で決まったものでもあり、絶対的に正しいものではない。関税率を全てゼロにするならフェアだが、政治力を持った業界団体の製品については有利な関税率となっていることも事実である。学者は机上の論理で自由貿易は正しいと言っておけば済むが、現実の人々の暮らしを見ると自由貿易の名の下で得をしている人と、損をしている人がはっきりと分かれる。

では、この損をしている人は、何ら声を上げることができないのか？　まさにこのような人々が声を上げる機会こそが、ポピュリズムである。ただ切り捨てるのではなく、なぜトランプ米大統領が当選したのか、これまでの政治のどこに問題があったのかを分析すべきじゃないだろうか。

保守とリベラルとの色分けは虚しいだけ

欧米の先進国で二大政党制を採用している国では一方の政党は保守、他方はリベラル、と思想の軸が明確に分かれていることが多かった。保守派が競争を重んじる自由主義的な政策を進めれば、国民のあいだで格差が生じて生活が厳しくなる人々が出てくる。そこで再分配を重視するリベラル派が格差是正、社会保障を手厚くする主張を掲げて政権を取る。しかし今度は財政が悪化して、再び保守派が与党となる――。

こんなふうに、方針の異なる政党が政権交代を繰り返すことによって、国の方針が振り子のように左右に触れながら政治が前進していくことを、二大政党制は想定していた。

ところが政権交代を繰り返すたびに、左右の振れ幅は小さくなっていく。政権交代とは現状の政権政党の過ちを有権者に指摘されたということなので、野党に転じたその政党が合理的であれば、これまでの政策を修正し、政権を奪取した相手政党の政策に近づいていく。よって与野党の政策は徐々に近づき、保守やリベラルというスタンスを表す象徴的ないくつかの政策でのみ対立していくことになる。

国民にとって、保守やリベラルという政治スタンスはどうでもいい。そんなもので飯を食っているのはインテリ層だけだ。国民にとっては、現実の暮らしを支えてくれる政策こそが重要であり、国民の暮らしを支える政策を立案し実行する上において最も必要な要素は、保守やリベラルというスタンスではなく「合理性」である。

合理性だけではダメだ、思想・哲学も必要だという反論が、インテリ層から出てくるだろう。そういうインテリ層は、一度、政策を立案し実行していく現実の政治行政の現場に身を置いて、政策実行過程を体験した方がいい。

国民生活を支える膨大な量の政策は、「合理性」を中心に議論をせざるを得ない。もちろん、そこに思想・哲学的な要素は入ってくるが、それは競争をどの程度重視するか、平等をどの程度重視するか、国民にどの程度の選択権を与えるのか、どの程度の負担・責任を求めるのか、利益と負担のバランスをどの程度均衡させるのか、これまでやってきたこと（歴史・伝統・安定性）をどれだけ重視するか——など、政策を立案する上で必要なスタンスにまつわる思想・哲学である。

保守なら全項目についてこういうスタンスになる、リベラルならこうなる、などと一律に決まることは絶対にない。すべて個別具体的なスタンスから合理的にものを考えていく。これこそが現実の政策の立案、実行過程である。

若い世代には既成野党がいちばん「保守」

だから、保守やリベラルなんていう抽象的であやふやな概念は、現実の政策を立案・実行するには何の役にも立たない。たとえば自民党は保守と言われるけれど、現実の社会保障や経済政策などには、いわゆるリベラルと言われてきた人たちが主張してきたものをどんどん採り入れている。

安倍政権が「働き方改革法案」で掲げる「残業規制」や「同一労働同一賃金」もそうだし、「教育の無償化」もそうだ。デフレに対抗して通貨を積極的に供給するアベノミクスの金融緩和政策や財政出動政策も、一般的にはリベラルな経済政策と言われてきた。

安倍政権は、今の日本にとって必要で合理的な政策だからこそ、これらの政策を採り入れて実行しているのであって、保守やリベラルという立場とは関係ない。

また当の国民が各政党をどう見ているのか。ひとつ興味ぶかいデータがある。

読売新聞社と早稲田大学現代政治経済研究所が、２０１７年に行った調査によれば、今後の社会を担う40代以下の世代は、自民党と日本維新の会を「リベラルな政党」、共産党や公明党を「保守的な政党」だと捉えているそうだ。特に、若い世代ほど自民党をリベラルだと感じる傾向が強く、18〜29歳では、民進党（当時）よりも自民党の方をリベラルだと見ている。

確かに、憲法改正や異次元の金融緩和、観光立国といった改革的な政策を打ち出す自民党と、憲法改正や増税に反対はしても、要するに現状維持でしかない野党との関係を見れば、この調査結果はうなずける。若者は前進するものをリベラルと見て、とどまるものを保守と見ているのだろう。

この若い世代の感覚こそ、一つの解答だ。

日本において、思想的なスタンスで保守、リベラルという色分けするのは、もはやまったく無意味。そんな議論はヒマな学者や政治評論家に任せておけばいい。彼ら彼女らは結局のところ、保守やリベラルの定義づけについて自説を展開するだけで終わってしまう。しかも、それを絶対的な正解とするので、他人と議論はかみ合わない。「私はリベラル保守だ」なんて、恥ずかし気もなく言っている学者がいるが、もうそれは、保守やリベラルなんて定義が体をなしていない証拠。

政治家・政党の役割は、国民にとって必要・合理的な政策を実行すること。実行には当然現状の変革が伴う。そのためには様々な壁を乗り越えていかなければならない。政治家・政党は個別具体的な政策ごとに必要性と合理性を吟味し、実行力をしっかりと発揮すべきであって、最初からいちいち保守やリベラルといったスタンスから吟味する必要はないし、政治家・政党にそのようなレッテルを貼って対立軸とする必要もない。

とりわけ、野党は、保守やリベラルなどの概念にとらわれ過ぎてしまい、まずは「自民党とは異なる」切り口、新しい選択肢、新しい可能性、新しい日本の道を示すという姿勢が欠けている。野党は、全力を注いで、国民が望んでいること、日本にとって必要なこと、将来世代に役に立つことを合理的に探り、安倍政権・自民党とは異なる日本の新しい道を提示しなければならない。

これが僕の言う「マーケティング政治」。詳しくは3章で説明しよう。

今の野党が国民からそっぽを向かれる理由

NHKの「政治意識月例調査」を見ると、2018年8月の時点での政党支持率は、自民党が35・6%。二番目に高い立憲民主党の支持率が5・6%であることを考えれば、自民党支持は圧倒的と言っていい。そして唯一、その自民党の支持率を上回るのが「支持政党なし」で、じつに43・2%が政治に対し消極的なスタンスをとっている。

本来、野党にとって、支持を決めかねている層がいるのはチャンス。その取り込みに成功すれば、与党を脅かす存在になれるのだから。

しかし残念ながら、今の野党は有権者からそっぽを向かれている状態にある。

その大きな原因は、野党やその個々の政治家が自らの政治信条やイデオロギー、挙句の果てには保守だ、リベラルだということを声高に叫び過ぎているからだ。国民が日本という国で実際に暮らす上において必要な政策・制度は膨大な数に上る。メディアで取り上げられる1つ2つの注目政策や制度で国が成り立っているわけではない。さらに日本国民の教育レベルは高く、宗教対立や階級対立もほとんどなく価値観も多様なものだ。すなわち、今は支持政党なしと表明している有権者を支持者に取り込もうと思えば、野党は、相当幅の広い政治信条とイデオロギーを持たなければならない。

ところが現在の野党である共産党や社民党、立憲民主党、国民民主党ひいては日本維新の会などは、自分たちに同調してくれる一部のマニア的な有権者やメディア、インテリ層の方ばかり見ているので、その他の圧倒的多数の有権者に振り向いてもらえない。

対して、自民党というのは、政治信条やイデオロギーにこだわらずに、融通無碍《ゆうずうむげ》に多様な意見を取り込んでいく。党内に様々な考えの人がいて、その落としどころとして出てくる政策は、よく言えば配慮、悪く言えば妥協の産物。この「融通無碍さ」が、自民党が国民に安定的に支持される理由のひとつになっていると僕は考える。

現在、強い自民党の方がそうしたスタンスでいるのに、弱い野党がそれをせず、一部の有権者だけに、特にインターネットの中での意見を非常に気にして、自らの政治信条に凝り固まった意見を発信しているようでは、いつまで経っても自民党には追い付けず、国民に広く支持されることはない。

よく、「ブレない政治」というと、とてもいいことのように語られがちだが、僕に言わせれば、必ずしもいいことではない。特に野党にとっては逆だ。特定の政治信条やイデオロギーに傾倒せず、時々の状況に臨機応変に対応しながら、右に行き、左に行きつつも「前に」進んでいくというのがマーケティング政治であり、これからの野党のあるべき姿だと思う。

自民党政治の「融通無碍」を見習え

現在の自民党の強さの理由のひとつである「融通無碍さ」についてもう少し考えてみたい。

自民党には、本当にいろいろな価値観の人が集まっていて、政策ごとに真逆の立場を取る政治家が現れる。

たとえば、安倍首相にとって憲法改正は悲願のひとつだけれど、政調会長でポスト安倍の一人とも言われる岸田文雄さんは以前からずっと、憲法改正反対と明言してきている。また安倍政権は原発廃止の方針を採っていないが、河野太郎外務大臣は原発廃止を唱えていた。執行部にすら、真逆の考えを持った人がいるわけだ。

かつてを振り返っても、細川政権、羽田政権で野党に転落した自民党は、なんと長年の宿敵とも言える社会党に総理と大蔵大臣という最高のポストを用意して連立を持ちかけ、1994年に村山政権を誕生させた。野党に転落してもバラバラになることなく、なりふりかまわず政権復帰を果たした。これこそが、自民党の「融通無碍」の真骨頂。政権奪取のためなら、宿敵である政党とも手を組むこともあるし、一度自民党を抜けた者、昨日までは敵だった政党に所属していた者であっても、選挙に強く自民党の現職議員と選挙区でぶつからなければ、どんどん自民党に入れていく。ほんとに化け物のようだ。

国民民主党の共同代表、玉木雄一郎さんがインタビューで、このようなことを言っていた。

「自民党というのは、違った意見の人でも、10のうち1でも一致点があれば飲み込んで一緒にやっていく。そこに強さの源泉がある。対して野党は10のうち9が一致していても、たった1の違いでみんなケンカ別れ。これでは勝てるはずがない」

まさにその通り。もちろん、自民党にしてみれば、そうしてさまざまな人を取り込んでいくのだから、当然、政策や理念の完全一致は難しい。

しかし完全一致がもともと難しい中で、今のところ執行部のリーダーシップや人間関係力で意見を一本化している。これが安倍政権・自民党の強さの源だ。利害関係が激しくぶつかるのに、最後は一本化する。どれだけ激しくぶつかっても分裂しない。

さらに党内の激しい権力闘争が、個々の政治家を強くしていく。今は安倍首相に強い権力と人間関係力があるので党内で政権は安定しているが、その力に陰りが見えたら、すぐに引きずり下ろされて別の人間が首相の椅子に座る。だからそうならないように安倍政権は、対抗してくる者を政治的に潰していく。また、昔に比べれば弱体化したとはいっても、党の中にいくつも派閥があり、実力者がいて、彼らは権力を握るために、熾烈な権力闘争を日々繰り広げている。

多数を取れるか取れないか、勝ち組に乗れるか負け組に埋もれるか。あの我の強い国会議員が血眼になって、この権力闘争にしのぎを削っているわけだから、そりゃ、自民党には政治的に強い政治家が多くなってくる。もちろん中にはひ弱な政治家もいるが、スキャンダルで失脚するような事態があっても、野党と比べれば総じて自民党の政治家の方が強い。これも自民党の持つ強さの源になっていると思う。

僕も2012年に立ち上げた国政政党の日本維新の会で、石原慎太郎さんと共同代表を務めたけれど、今思えば、自民党のような懐の深さがなかったかもしれない。僕は政治的にケンカをすれば、相手を徹底的にやり込めようとするし、勝ったらそれでよしの人間だから、相手を吸収してフォローしたりすることもなかった。そういう人間関係は、全て松井一郎現大阪府知事に任せていた。

さらに言えば、僕は「政策と理念の一致」ということを言い過ぎた。ちょっとでも党内で齟齬《そご》があると朝日新聞などのメディアはすぐに批判してくるので、僕もそこはナーバスになっていた。今思えば政治家としては「子ども」だった。党内やメディアからどれだけ批判があっても、「自民党のウイングがあれだけ広いんだから、野党もどんどん広げないとダメだ」と突き進まなければいけなかったのに、政策と理念の一致にこだわってしまった。

石原さんはさすがだと思ったのは、政策と理念の一致ということをあまり言わなかったこと。党として強くなるには「まずは塊《かたまり》だ」と。これは石原さんの宿敵である小沢一郎さんも同じことを言っている。

自民党はしたたかである。各人の政策と理念はバラバラであるにもかかわらず、皆で何となく共有できる最大公約数的なところをぼやっと前面に出して、いかにも党として政策や理念が一致しているように見せる。憲法改正については細かな意見対立があっても、国の防衛力を高め、自衛隊の活動範囲を広めるところは一致しているように見せる。

エネルギー政策で細かな意見対立があっても、ガンガン原発を推進する姿勢は控えようというところで一致しているように見せる。一事が万事この調子で、この政治的技術は凄い。そして、党内の各機関や執行部で最後は意見をまとめる。これこそザ・政治であり、政党の力そのものだ。

自民党内でも憲法改正や安全保障政策、原発政策から経済政策、財政再建政策に至るまでありとあらゆる政策領域で、真逆の考え方の政治家が入り交じっているのだから、野党も、所属政治家の政策や理念の一致にそこまで神経質になる必要はない。まずは選挙で当選するメンバーの塊を作り、あとはどう意見をまとめていくか、その仕組みと知恵こそが強い野党を作る最重要ポイントだ。

そうすると必ず野合だ、政策と理念の不一致だとメディアやインテリたちから批判を受ける。そのときはこう言い返してやればよい。

「日本の国を二つの政治グループに分けるのであれば、一つのグループの中の政策理念は相当多様なものになるはずだし、自民党もそうではないか。そもそも、あなたたちは普段から多様な価値観を重視せよと言ってるんだから、党の政策や理念も多様でいいはずだ。最後に意見を一つにまとめられるかどうかが最も重要だ。もっと勉強してから批判をしに来い！」

つまり、強い野党を作るには、あえて言えば、政策理念が一致しているかどうかよりも、「決定できる組織」かどうか、その技術や力量があるかどうかの方が大事。この点については5章で詳しく説明したい。野党には自民党の「融通無碍さ」と「それでもまとまる力」を、ぜひ見習ってほしい。

何でも反対では前に進まない

55年体制の時代には、自民党以外は「万年野党」だったから、野党は自民党に対し、とりあえず「反対！」と言っていれば自分たちの存在意義を示せた。

現在でもその姿勢はあまり変化していないようだ。政権与党が何か提案すればすぐ「反対」だ。問題点の追及という意味ではそれも重要かもしれないが、有権者が野党に期待するのは、ただ反対という批判を繰り広げることではない。

例えば、今の立憲民主党や共産党は、「憲法改正反対」「消費増税反対」など、自民党の政策に対して反対の立場を取ることが多い。たしかに、彼ら野党が対案として提出した法案が与党によって塩漬けにされて審議されないので、対案を出しても無意味になってしまうという一面はある。しかし、だからといって反対だけして政府与党の政策にストップをかけることを党の絶対目標とするのでは現状維持にほかならず、それでは世の中は何も変わらない。現状維持の政治が最悪だ。

民主政治においてはとにかくやってみることが一番大事。おかしければ有権者が選挙を通じて意思表示し、政治家の首をすげかえて修正していけばいい。野党は政権与党と異なる選択肢を常に有権者に示し、有権者が選挙で与党案か野党案を選択することによって政治が前に進む。野党がきちんと対案を出しているのに、与党が審議せず放置し続ければ、必ず有権者は与党を批判するようになる。これが野党のチャンスになる。

また、今は小選挙区制という政権交代が可能な選挙制度なのだから、いざ自分たちが政権についたときに、野党時代の「反対」一辺倒の姿勢はブーメランのように返ってくることになる。野党のときは反対していたが、与党になってみたら現実的には前与党と同じ政策しかとれないことが分かった。あるいは、野党のときには反対一辺倒だったのに自分が与党になったら、反対一辺倒はやめて欲しいと野党に求める――こういう姿勢が政党の信用を最も落とす。

政権与党の政策に反対することで、野党が本当に支持を得ようと思ったら、政策の本当にダメなところを有権者に響くような形で追及していかなくてはならない。与党が「強行採決」した、それに「拒否」を貫いたといったアピールはもう意味がない。

仕事には全て期日、納期というものがある。それと関係なく、延々と議論をしていればいいのは、学者やインテリの類だけだろう。裁判の世界では、裁判官が判決を出しますと判決期日を決めておきながら、その期日を引き延ばしたらアウト。それと完全に同じではないにせよ、時期が来たら多数決で決めるというのが民主主義の基本。多数決で負ける野党が、戦略性なく内閣不信任案を出しても、国民の支持を得られるものでもない。

内閣不信任というのは「伝家の宝刀」であって、伝家の宝刀は抜かないことに威力がある。内閣不信任案を出して否決されれば、内閣不信任などそんなものかという位置づけに堕してしまう。意味なく連発すれば、その重みは完全に消失してしまうが、現に野党の内閣不信任戦術はそうなっている。本来は、「これを出されるといよいよ政権は追い込まれる」という状況のときにちらつかせて交渉するものだ。

だから僕は、日本維新の会の代表を務めていたときに、「自分たちが政権与党になったときにどういうスタンス・姿勢・態度振る舞いを取るのかを踏まえた上で、政権与党との政策論争を行うべきだ」と常に言い続けていた。つまり、自分たちが政権与党であれば賛成するものは、今は野党であっても賛成する。政権与党であれば野党に採決期日を守ってもらいたいのなら、今野党であっても採決期日は守る。

今野党は、政権を取れる可能性が低く、万年野党を前提としているかのような不毛な国会論戦を繰り広げている。しかし、仮に野党が強くなり政権を取れる可能性が高まると、自分たちが政権与党になったときに野党にやられたくないことは控える姿勢になるだろう。自分がやられたくないことは他人にもやらない――幼稚園くらいで身に付ける道徳だ。野党がこの道徳を持てば、国会論戦は有益なものとなるだろう。そのためにも野党が強くならなければならない。

また、野党が本気で政権を取ろうと思ったら、まずは既存の政治がぶつかって突破できなかった壁に対し、それを乗り越えるチャレンジをする姿勢を有権者に示すことだ。反対ばかりしていては、政治は前に進んでいかない。

自分たちなら日本をどう動かしていくのか。国をどう変えられるのか。そのために、どんな壁を乗り越えるチャレンジをするのか。こうしたチャレンジの「熱」を有権者に届けていけば、おのずと無党派層の有権者が野党を見る目は変わっていくだろう。政権与党に反対するばかりでは、無党派層の有権者に「熱」は伝わらない。

社会の壁に挑戦すれば熱が生まれる

野党が示すべき日本の新しい道は、現在の安倍政権・自民党が国民に提示しているそれとは違ったものであることが前提となる。自民党やこれまでの政治が乗り越えることができなかった壁に挑戦する「熱」を発するものでなければならない。

詳しくは6章にゆずるが、たとえば、自民党の主張には、「女性天皇反対」や「夫婦別姓反対」など歴史・伝統・文化に固執した古めかしいものが多い。そこに野党が付け入る隙がある。自民党の古い主張の逆を行けば、日本の新しい社会像は必ず示せる。いずれもこれまで変わることがなかった制度であり、それを変えようとする姿勢は「熱」を発する。

また外国人移民も、自民党は受け入れを表立っては認めていない。安倍政権は、移民政策に断固反対する与党議員や自民党支持層向けに「移民政策は採らない」と明言している。ところが少子高齢化の日本ではすでに労働人口が不足し、人材を外国人で補わざるを得ないのが現実だ。そこで本来は日本の労働力を確保する目的ではない外国人技能実習制度をフル活用し、実習生の就労期間延長や単純労働分野にも実習生を受け入れるなど、さらなるごまかしでまかなおうとしている。

この政治技術もある意味凄い。党内や支持者には建前を言い、現実の課題に対応していく。今の野党やインテリ層のように建前や理想にこだわるあまり、現実の課題に手を打てないという無責任なことはしない。

しかし、ごまかしはごまかしだ。外国人実習生は居住移転の自由や職業選択の自由もなく低賃金で働かされ、半ば「奴隷状態」となっているが、安倍政権・自民党は「移民政策」に反対している手前、この問題は抜本的に解決されない。このままだと外国人が日本社会の責任ある一員になることや、日本人の外国人を迎え入れる意識改革は困難であり、長期的には日本のためにならない。そこで野党としてはこう言わないといけない。

「外国人に国を開き、日本をより豊かに強くするために、移民政策に賛成。ただし、欧米諸国での移民政策のような形は採らない。多様性や人道主義などのきれいごとを言うばかりの移民政策にも反対。しかし、安倍政権のような技能実習制度によるごまかしにも反対。今や日本の外国人人口は200万人を突破し、年間15万人ほどの流入純増になっている。このような数字を見れば移民政策を真正面から議論し、日本社会の責任ある一員になってもらうためのルールもしっかり整備する」

こうして日本の新しい道を示し、挑戦する「熱」を発すべきだ。このようなことを繰り返し繰り返し積み重ねることで、無党派層の有権者がやっと野党の声に耳を傾けてくれるようになるだろう。

そして何よりも反対を唱えているだけでは、野党は党内の意見をまとめ、世間を「騙して」でも現実の課題に対応するという、政治の最も大切で最も難しい技術をレベルアップすることができない。

野党は15年に成立した安保関連法について猛反対していた。しかし、反対者の中にもいろいろな意見があったはずだ。現状維持がいいから反対なのか、政府与党案とは違う中身にすべきだということで反対なのか。もし違う中身にするというのであれば、どのようなものにすべきなのか。しっかりした対案の作成にかかることで、党内に対立意見が噴出する。ここを「まとめる」ことで政党の政治技術がレベルアップしたはずなのに、「反対」一辺倒になったことで、その経験を積むことができなかった。

これでは建前や理想論の域を超えられない。現実の課題に対応するために、これまでの主張に反することを、どう有権者にバレないようにやるかという政治技術——政党が持ち合わせなければならない最も高度な政治技術——を「反対一辺倒」では研鑽できないことに野党は気付いていない。まとめる技術、「騙す」技術は、野党が対案をまとめることで鍛えられるのだ。

労働組合頼みが民主党をダメにした

民主党は一度は政権交代を果たしたのに、政権はわずか3年しか持たず、その後、空中分解して消滅した。

なぜダメだったのか、なぜ「二大政党時代」を築けなかったのか。結局は「非自民」という求心力しかなかったこと、党内でのバラバラの意見や政治理念を執行部がまとめられない「決定できない組織」だったことが原因として大きいけれど、労働組合頼みから抜け出せなかったことも見逃せない。

労働組合のメンバーは、選挙になれば手分けしてポスターを貼ってくれたり、選挙本部の運営を行ってくれたりと、心強い存在だろう。労働組合自体を否定するつもりはないし、政策面で労働組合の意見を採り入れることはいいけれども、政党組織の運営で労働組合に頼りきりになってしまってはいけない。労働組合は、基本は組合員のための組織なのだから、組合員以外の支持者を広げる政治活動を年中やっているわけではない。したがって組合頼みでは、無党派層の有権者に支持を広げていくことはなかなか難しい。

世論調査を見ればはっきりしているが、今の有権者はほとんど2つのグループしかいない。自民党支持がだいたい3、4割、そしてそれ以上に多いのが無党派層。

野党としては、この無党派層を取りにいかなければどうしようもない。労働組合に依存していても、ここは全然取れない。無党派層とは、労働者以外にも専業主婦だったり、学生だったり、非正規労働者だったり――要するに「組合」というところと縁が遠い人がたくさんいる。さらに労働者の組合加入率は年々下がっており、組合に依存しても、多くの労働者の支持すら獲得できないような状況だ。実際、組合に依存している立憲民主党と国民民主党の支持率を合わせたところで、10％にも満たない状況だ。

自民党というのは建設業界、運輸業界、保育業界、幼稚園業界から医師会、歯科医師会、宗教団体、私学団体、商店街組合までありとあらゆる業界団体とつながっている党だが、それでも、さきほどのNHK世論調査で言えば、自民党支持36％のうち、そういったゴリゴリの業界団体関係者というのは、もう半分にも満たないだろう。

とすると日本の有権者の約7割は、昔ながらの業界団体と官僚と政治という「鉄のトライアングル」や組合の政治運動システムに入っていない人たちになる。この人たち、すなわち無党派層のニーズをマーケティング政治によって的確に捉え、支持を獲得していくのが強い野党を作っていく肝だと思う。

現在、民主党の流れを汲み、組合に依存している国民民主党は、この無党派層の支持を全く獲得できていない。政党支持率はたった0・4％だ。

世間は、組合は「正規労働者」の権利を守る組織だという認識だ。連合（日本労働組合総連合会）は組合員の利益を守ることが第一なので、電力会社の経営が悪化し、電力組合員の処遇が不安定になりうる原発の縮小に反対するが、これは日本の将来のことを考えての結論ではないことを無党派層は察知している。また連合は民間の組合組織と同時に、公務員の組合組織も傘下に収める。まさに数を得るためだ。そのことによって、連合は、強烈な公務員改革には賛成できなくなる。

結局、もはや今の組合に、「正規労働者」以外の多くの有権者を含む無党派層の支持を獲得する力はない。かつて民主党政権が誕生したときには、組合を束ねた「連合」が注目されたときもあったが、あのときも「連合」の力によって政権交代が起きたわけではない。いわゆる無党派層が政権交代の風を吹かせたに過ぎない。ところが、民主党による政権交代の成功体験を忘れられない野党議員や、参議院選挙や衆議院選挙の比例代表において数十万票の組合組織票がもたらす数議席、すなわち目の前の利益に固執する野党議員たちが、組合依存から脱却できないでいる。

もちろん、日本維新の会のように組合・連合と距離をとったからといって、直ちに無党派層の支持を獲得できるわけではない。日本維新の会の支持率も1％程度と、国民民主党と大差ない感じだ。

しかし大阪維新の会は、大阪においては、いまだに自民党と対峙する政党として存在している。結成後かれこれ7、8年になるが、自民党から共産党までがタッグを組む選挙においても勝つだけの力があり、今も所属議員や所属首長を増やしている。大阪維新の会は、組合と距離を置きつつ、大阪の新しい道を熱をもって示し続け、それまでの無党派層を自党の支持層に切り替えることに成功し、いまだに維持している。

野党としては、組合は意見を聞く一つの団体として尊重すればいいが、どっぷりと依存してはならない。無党派層が支持する行財政改革を断行しようと思えば、公務員労組と必ずぶつかる。また組合どっぷりの依存関係のために無党派層が離れていくことのないような組合との距離感を模索すべきだ。国民民主党や立憲民主党などは、目先の選挙協力に目を奪われ、組合への依存を高めすぎると無党派層が離れていくメカニズムが見えていない。

民進党の「整理」は評価できる

2017年10月の衆議院議員総選挙では、前原誠司さんが民進党を事実上解体して、小池百合子さんの希望の党に合流した。数合わせだ野合だと、世間やメディアからはさんざん批判され、希望の党の議席は伸びず、その後は参議院を巻き込んですったもんだの挙句、国民民主党が発足したことは周知の通りだ。

でも、民進党と希望の党が合流したこと自体は、野党を再編し強い野党を作るために、僕はあれしかなかったと思っている。

自民党は、右から左まであらゆる考え方の議員がいて、政策や理念の幅が非常に広い。かつての古賀誠さんのように憲法9条改正については共産党とタッグを組む人もいるし、大阪では、打倒大阪維新の会・反大阪都構想の一点で大阪の自民党と共産党はがっちり手を組んでいる。まあ、さすがに一つの党にはならないが。それに対抗する二大政党制下の野党を目指すなら、当然だが、野党にもそれなりの政策や理念の幅がないと集団は広がらない。一部の有権者にだけ支持される、いわゆるブティック型の幅の狭いとがった政党ではなく、強い野党を目指すなら、少なくとも自民党ほどにウイングを広げた、総合デパート型の政党にならなければいけない。

政党としてどこまで政策・理念・政治信条の幅を広げるのか。ここは、組織として党内の意見をまとめる力との相関関係にあって、まとめる力が強ければ強いほど幅は広げていけるが、まとめる力が弱ければ、幅は狭いものにとどまる。

前原誠司さんが代表として党を割る前の民進党は、まとめる力に比べて幅がありすぎた。

自民党以上に右寄りな人たちもいれば、辻元清美さんのようにバリバリの左的な考えの人もいる。それこそ自民党と共産党が組むぐらいのめちゃくちゃな広い幅のところに、「反自民」「政権交代」というその一点だけでみんな集まっていた。その上で、党内の意見をまとめるだけの力が党にはなかった。これでは、国民の暮らしを支え、国を守る膨大な数の政策や制度を実際に作ることは難しい。何か政策や制度を作るたびに、党内の意見が対立して収拾がつかなくなってしまう。政権与党時代の民主党もまさにそうだった。

まとめる力を備えた強い野党を作っていくには、民進党を2つに割っての幅の整理は絶対に必要だった。まさに国民民主党的な幅と、立憲民主党的な幅に整理する必要性だ。ところが、僕も松井（一郎）さんをはじめとする元自民党大阪府議会議員の実力者たちの力を借りて、大阪府議会の自民党を割って大阪維新の会を結成した経験があるのでわかるが、一つの政党、特にそれなりの歴史と伝統のある政党を割って整理するというのは、とてつもない政治エネルギーがいる。ふつうの政治家ではできることではない。

政治評論家のように、民進党を整理して野党再編が必要だと口で言うのは簡単。でも、議員はみんな当選することが第一だから、民進党の看板にやはり頼ろうとする。議員にとっては大きな政党の看板を捨てることは、死ぬか生きるかの大勝負なので、なかなか踏ん切りがつかない。ギリギリまで政党の看板に頼って生き残ることを模索する。

大阪維新の会の結成に至るまでも、どれだけ大変なプロセスがあったか。最初は松井さんたち6名しか集まらなかった。そこから、大阪維新の会に所属した方が当選に近いよということを多くの議員が感じるような環境、すなわち支持率上昇のための努力を行い、各議員を繰り返し説得しながら、1年かかって大阪維新の会の原型ができた。それでもメンバーは20名ちょっと。その後は選挙、選挙の連続でメンバーを増やしていった。

◆

民進党にはそれなりの看板の力に、労働組合の支援があった。地方議員もそれなりの数が存在し、党組織もそれなりにしっかりと存在していた。そしてなんといっても、民主党時代から引き継いできた100億円を超える政党交付金の余剰積立金があった。そりゃ、民進党議員が民進党の看板を捨てて新党に馳せ参じることは、よほどのことがないとやらない。
そこへ本当に時の運——あの17年10月の総選挙のタイミングのときに、小池百合子さんの勢いと、安倍政権や民進党の低迷と、前原さんと小池さんの人間関係という全部が一点に集まって、前原誠司さんが大号令をかけて民進党の整理・解体が始まった。僕は前原さんの非常に大きな功績だったと思う。野党を再編するには、民進党の解体・整理というプロセスをどうしても通過するしかなかった。あとはそれを誰がいつやるかだけだった。

民進党は希望の党、立憲民主党、無所属に整理・分割され、その後、希望の党はほぼ消滅し、その後身の国民民主党も全く支持が伸びていないということで、小池さんや前原さんは激しい批判を受けているが、政治家は一人であらゆることを完遂することなんてできない。目指す目標に少しでも近づくために、事態を動かすきっかけを作ることが政治家の一番重要な使命。これまで誰も手を付けてこなかった錆びついた大きな歯車を、最初にひと押しすることは本当に大変で、少し動き出したら、歯車はどんどん動き出す。歯車が大きくなればなるほど、それをひと押しできる政治家は限られてくる。僕も、日本維新の会の今はどうなんだ、存在感がないじゃないかという批判を受けるけど、何もしない、口ばっかりのインテリ層とは違って、批判を受けてでもとにかく自民党に対抗できる野党を作りたかった。その大きな歯車のひと押しはできたと自負している。

業界団体、既得権益層から離れた野党が必要

ともかく、民進党と希望の党は、立憲民主党と国民民主党に大きく整理された。

立憲民主党は共産や社民とも連携しうるだろうし、国民民主党には維新と考えが近い人も多い。野党として、曲がりなりにもある程度の幅を持った2つの受け皿ができた。

ただ、支持率を見れば、有権者が今そこにはそっぽを向いているのも事実。だから、国民民主党と立憲民主党は切磋琢磨して、それぞれが日本の新しい道を示し自分たちの「色」を出していかなければならない。徹底的なマーケティングで有権者が望むことや日本にとって必要なことを科学的・合理的に探り、それに沿った政策を磨き、最終的には有権者に判断してもらう。自分たちが権力を握って、自分たちの考える日本の新しい道を実現する。立憲民主党や国民民主党は、民進党のときよりも政党としてまとまる幅に落ち着いたのだから、ここからが正念場だ。

でも、さっき言ったように、いまは両党とも、連合の助けを借りたいというスケベ心から抜け出せないように見える。両党とも「企業団体献金は禁止すべきだ」「特定の業界団体との癒着は止めるべきだ」とせっかく主張しているんだから、無党派層の支持を広げるためにも連合という団体との関係を一から見直して、もう少し距離を置かないと。今は両党とも、連合の指図に左右される政党のように無党派層の目には映っている。そこを「俺たち私たちの政策・理念に賛同してくれるならついてきてください。その中で連合の意見にもしっかりと耳を傾けます」というスタンスに変えるべきだ。

インテリ層たちは政党とは「政策だ」「理念だ」「思想だ」と言うけれども、そうではなくて、極論を言えば各メンバーの意見をまとめる力を持つ「器」でありさえすればよい。野党としては、政権与党に緊張をもたらすためのもう一つの「器」であることが大事なのであって、器の中身つまり政策・理念・思想などは、各政党が一生懸命、国民の多様なニーズをすくい上げて詰めていくものだと思う。つまり政党で死命を決するほど重要なのは組織だ。はじめから政策・理念などを完全に整理する必要はない。

詳しくは次章のマーケティング政治の章で説明するが、この「国民のニーズ」というのは、わかりやすい「現在利益」だけではない。

今日明日の暮らしが良くなりますという「現在利益」だけではなく、次世代の日本が良くなりますという「将来利益」になることも、一生懸命マーケティングで探っていき、国民に提示することが政治の役割だ。だからこそあらゆる業界団体の支持を受け、彼らの利害や要望で政策が左右される自民党には限界がある。特定の団体にべったり依存することなく、あらゆる既得権益層から距離を置く野党が、日本には絶対必要なのだ。

比例代表をやめると公明党はどうなるか

僕は二大政党制の支持者だ。

強い野党が政権与党を脅かし、いつ政権交代が起こるかわからない、という状況になってこそ、いい意味での与野党間の緊張感が生まれ、政治家が本気で政治に取り組むと確信している。政治家は落選する危機感を覚えなければ、真剣に仕事をしない生き物だ。

二大政党制がきちんと機能していくためには強い野党の存在が必要であることは当然だ。しかし逆説的になるが、強い野党を作るためには、二大政党制を強力にうながす選挙制度が重要になってくるという側面もある。政治家は当選するためなら何でもする。つまりその行動原理は、究極的には、選挙制度に最大限適応することである。このような視点からみれば、強い野党の誕生を妨害している選挙制度は比例代表制だ。

日本の衆議院選挙は各選挙区で1人の議員を選ぶ小選挙区制が主体であり、政党の得票数によって議席数が決まる比例代表制は補完的に用いられてはいるが、それでも比例代表制が存在する以上、どうしても小党が誕生してしまう。そして小党は小党として存続することを望めば、一つにまとまる必要性もなくなる。

比例代表制をなくして完全小選挙区制にすればどうなるか。野党はとにもかくにも一つにまとまらざるを得ない。一つにまとまって自民党と対峙しなければ、野党議員はほぼ当選しない。日本維新の会も今は比例代表の枠で一定の議席数を確保しているので、自分たちのとんがった主張にこだわり、他党と組むことは一切考えていないようだ。これが完全小選挙区制に変われば、他党と組まない限りほぼ消滅してしまうだろう。そうなってはじめて議員の尻に火が付く。それまでは政策の一致だ、理念の一致だと言っていても、落選を回避するためには、一つにまとまる。2017年9月の民進党解体、希望の党結成のドタバタ劇がまさにそうだった。

完全小選挙区制は、各政党、各議員のわがままを許さず、強制的に野党を一つにする機能を持つ。当然、一つにまとまった野党は政策・理念に幅のある政党になり、ゆえに「まとまる力」が重要になってくる。もちろん完全小選挙区制になると、野党がボロボロに惨敗する可能性もあるが、そうなればなったで、野党は必死になって政権を奪取するためにこれまでの自党を反省し、日本の新しい道を示してくるだろう。

もちろん、比例代表制には、死票を少なくし、有権者の多様な声を議席数に反映できるというメリットがあるのも事実だ。しかし、民意の反映という側面ばかりが強調されるが、民主主義には民意を統合していくという側面も重要なのだ。まさに「まとめる力」だ。民意をまとめることが不可能な制度をとっているかぎり、最後には民主主義が崩壊する。

選挙制度の改正は、各議員の生きるか死ぬかの話に直結するので、制度が変わることによって落選する可能性の高くなる議員は猛反発する。学者はそういう現実を無視して、頭の中だけで抽象論を展開すればいいので、現実離れのアイデアばかりを提案する。

砂原庸介氏という神戸大学の政治学者が、「政党政治を定着させるためには地方も比例代表制を導入すべきだ」という論文を発表し、それが大佛次郎論壇賞を得ていた。しかし地方選挙が比例代表制になるというその実現可能性を、どれほど検討したのだろうか。比例代表で選ばれた国会議員の質の悪さをどこまで検証したのであろうか。現実の政治行政は、実行・実現可能性こそが重要である。

比例代表制の拡大は、個々の議員の力を奪うので、現在当選している議員は猛反発するだろう。特に国政では、小党分立となる比例代表制の拡大に賛成する自民党議員など皆無だろう。他方、比例代表制を解消する方向、すなわち完全小選挙区制に対しては、自民党国会議員は賛成者が過半数を占める可能性が高い。小選挙区制で勝ち上がってきた議員が圧倒的多数だし、自民党は小選挙区で敗れて比例代表で復活した議員を評価していない。

そして何よりも完全小選挙区制となると、公明党との連立を考えなくてもよくなる。

◆

完全小選挙区制となれば、公明党の議員が生き残るためには自民党の一員になるか、野党の一員になるしかない。公明党が自民党の一員となれば、党内の権力闘争の中で、元公明党議員たちは自分たちの主張を押し通すことになるが、一つの政党内のことなので、自民党の「まとめる力」で抑え込まれる可能性も高い。確かに現在は連立政権のもと、自民党の政策に公明党がブレーキをかける役割を担っており、自民党に反対の有権者からすれば公明党に希望を託す人はいる。しかし、この現状は政党が日本の歩む道を有権者に提示し、選挙で審判を受けて、それを実行していくという民主主義にはそぐわない。

この話は、どちらが絶対的に正しいかというものではなく、どちらの方が今の日本にとってマシかという選択になる。僕は自公の連立が解消し、自民党が単独で政権を担うのか、自公が一つの政党になって政権を担うのか、そもそも引き続き有権者は自民党に政権を託すのか、すべてを選挙で決めた方がいいと考えるので、完全小選挙区制を望む。

そうであれば、安倍首相が自民党総裁選で3選を果たした場合、もう4選はないので、次の選挙のため公明党に遠慮する必要はなくなる。比例代表制をなくして分かりやすい完全小選挙区制を断行できる最大のチャンスである。安倍首相や多くの自民党議員が日本の安全保障のための憲法改正や法律改正、制度改正を実行したいのであれば、公明党との関係を見直さなければならないだろう。あとは有権者による選挙という審判に委ねる。

権力を得れば政治家の意識が変わる

もし現在の状況下で強い野党を作ろうとするなら、どの党が軸になるにしても、野党が一つにまとまっていくしかない。もちろん、60年以上の歴史と伝統、そして何よりも地方議員を含めた強固な組織力がある自民党に、本当に対抗できる野党を作るのは、並大抵のことではない。

しかし、「安倍自民一強」が続く現在でこそ、想像しにくくなっているかもしれないが、今の選挙制度のもとでは、与党がいったん崩れれば、一瞬の「風」で政権交代が起きうるのも厳然たる事実だ。野党が力を合わせなければ自民党の対抗軸にはなり得ないのだから、政策や理念、政治信条やイデオロギーにはこだわり過ぎず、自民党が有する程度の幅を持った集団を形成し、チャンスがあれば政権交代を狙う。ワンチャンスに賭けるということも、僕は強い野党を作るためには十分に意味があると思う。

もちろん本当の意味で強い野党を作るには、次章以降で詳しく説明するように、マーケティングに裏付けられた政策、地方議員も含めた強固な組織力、幅や多様性のある意見を収斂する決定力、党として決定したことに従うガバナンスなどあらゆる面での強靭さが必要だが、一方では、いわゆる政権与党の運営能力は、経験によってしか身に付かないのも事実だからだ。とにかく政権を取って経験していくしかないし、その経験者がさらに後輩を指導して政党は強くなる。確かに民主党による政権運営がひどすぎ、有権者はその失望感が強すぎていまだに野党を支持できないでいるという意見は多数あるが、政権与党の経験者が増えないことには、その政党は強くならない。

国家組織の動かし方や官僚組織の統率の仕方、そして党内をまとめるやり方など、権力を得てはじめて見える世界があり、学ぶことができるものが多い。官僚の議員に対する態度も、野党から与党になるとコロッと変わる。そもそも政権運営能力をあらかじめ備えた「スーパーマン」が至る所に存在し、そういう人たちが政治の世界、それも野党に続々と参入するといったことはありえない。政治家に経験させることが基本だ。

僕が大阪の府政と市政に携わってわかったのは、毎日毎日、大量の政策的な議論を役人たちと行わねば、行政というのはまわっていかないということだ。メディアが報じる政策課題など全体のほんの一部。国政ともなれば医療、福祉、介護、年金、原発、安保——もし実際に政権を取ったときに直面しなければならない政策課題は、今野党が追及している課題の100倍、1000倍、いやそれ以上にもなるだろう。毎日大量の政策課題と向き合い、試行錯誤しながら、実行可能な現実的な解を出す能力は、政権を取って経験してはじめて鍛えられ、高めることができる。

だから、与党に代わりうる強い野党を作るには、有権者の側も、「まずは経験を積んでもらう」というスタンスで一度野党に政権を与え、多少の失敗には目をつぶるおおらかさを持つ必要がある。

「そんなことで日本は大丈夫なのか」と言う人がいるだろう。

しかし、野党の政治家も全員ポンコツなわけではない。民主党が国民からソッポを向かれた最大の原因は、まとめる組織力がなかったことだろう。政策的には賛否があるだろうが、政治家が世間の声を意識せざるを得ない成熟した民主国家である日本においては、一政党の政策の失敗で多少国民が不利益を受けることはあっても、国が滅亡するようなことはないと僕は楽観している。どうしても国民が我慢できなければ、次の選挙で審判を下せばいいだけだし、たとえ小さな失敗がいろいろあっても、自民党が全部パーフェクトな政治ができているわけでもない。

さらに、いざというときに野党に政権を委ねる選択ができない状況は、国民主権である以上は、その第一義的な責任は有権者にあると言っても過言ではない。野党の問題点はどんどん指摘すればいいけれど、野党そのものをつぶしてしまったらダメ。二大政党制を担いうる強い野党が存在しないと与党も官僚も緊張感をなくし、国民をなめきった政治行政をやることになる。森友・加計学園問題や自衛隊の日報問題などその典型例だ。

小沢さん、前原さん、野田さんの経験値

野党が政権をとったところで、そのメンバーの多くはかつての民主党ＯＢだから、同じ失敗を繰り返すと見る向きもあるが、そう単純な話ではない。民主党は、権力の座に就いた期間が短く、経験や勉強する間もないまま、バラバラになってしまった。枝野幸男さんや前原誠司さん、岡田克也さんや野田佳彦さんなど、民主党で大きな経験をしている議員は今も数多く野党に散らばっている。

もし彼らが再び政権与党を運営することになれば、それこそかつての失敗を繰り返さないよう、死に物狂いで過去の失敗の改善策を実行していくだろう。まさに自民党が下野し、

二度と野党にはなりたくないという強い思いで柔軟に政策を変えてきたのと同じだ。

民主党は3年という期間ではあるが政権与党の運営を経験したはずだ。しかし、その後の民進党の運営の仕方を見る限り、政権与党としての挫折の経験が活かされていないのではないかと思えてしまう。それは民主党の一部のメンバーだけが政権与党の責任の重みや、権力を行使することの魅力を経験したに過ぎないからであり、やはり政党が強くなるためには、もっと多くのメンバーが、政権与党の責任の重みや権力行使の魅力を経験する必要がある。民主党、民進党にはそれがまだまだ足りなかったし、民進党を引き継いだ国民民主党や立憲民主党も同じだ。

権力には政治家の意識を根っこから変える力がある。重い責任を負いながら権力を行使して、自分が考えてきた理想が次々に実現していくことには、言葉に尽くしがたいやりがい、達成感、充実感が伴う。次世代のために責任を果たしているという感覚も、自分の生存意義を強く覚醒させてくれる。良い意味での権力欲であり名誉欲を満たしてくれる、まさに自己実現だ。昔と違ってお金のためではなくこの自己実現のために政治家になっている人も多いように思う。

権力を行使する経験が増えれば増えるほど、またその近くに関わっていたという経験が増えれば増えるほど、権力に対する執着も生まれる。権力を持ったり、権力の近くにいたりすることで、さきほど言った自己実現以外に、各政治家が個人的なメリットを多々受けるのも現実だからだ。野党の議員と与党の議員ではすべてが天と地の差だ。それは自民党議員が一番分かっている。野党になれば人が寄ってこない、カネも集まらない、責任ある政治行政の場には一切関与できない。だからこそ、政権与党を十分に味わった政治家は権力に執着する。

このように政権与党を経験した政治家が党内に増えれば、意見の激しい衝突が党内で起きても、権力維持または権力奪取のため、今度は割れないように何とかまとまっていこうと一生懸命知恵を振り絞ると僕は思う。それが「まとめる」政治技術をレベルアップすることにつながる。

このことをもっともよく知る政治家は、小沢一郎さんだ。かつて自民党の中枢で権力闘争に揉まれ続けてきた人であり、権力の本質について一番理解されていると感じる。小沢さんは、共産党を除く野党はすべて同一会派を組み、共産党とも選挙協力をして自公政権を倒すべきというのが持論。そして野党が共闘してひとたび権力を握れば、それを二度と手放したくないがゆえ、各メンバーは一致団結すると考えているはずだ。

しかし、僕は、今の野党が全部まとまったときの器の「色」、すなわち日本の新しい道には、違和感がある。感覚的な表現で恐縮だが、今の野党が全部まとまったときに醸成される日本の新しい道では、自民党と真に対抗できるだけの無党派層の支持を得られないと思う。

ではどんな野党が、本当に強い野党になるのか。次章以降でより詳しく述べよう。

第3章　「マーケティング」で有権者をつかむ

野党には国民目線が足りない

僕は、2015年12月に大阪市長を退いてから約1年半、日本維新の会の政策顧問を務めた。そこでは選択的夫婦別姓や同性婚、移民問題など、自民党が手を付けたがらない課題に積極的にチャレンジしていったらどうかと提案していた。

天皇制についても女性宮家の創設や、男系男子天皇が不在となったときの一時的な女性天皇の可能性も踏まえて議論すべきという問題提起をした。

僕自身これらの問題について一定の持論はあるが、絶対的に正しいという普遍的結論があるわけではないだろう。2000年を超える天皇制度についても軽々に論じるわけにはいかないが、それでも現在の天皇制度に内在する課題を解決する必要もある。歴史・伝統の尊重の一言で、課題を放置したまま、現状維持に甘んじるわけにはいかない。

だからこそ、現状維持に甘んじる自民党の方向性とは違う、日本の新しい道を求めている国民の存在を意識しながら、政治家個人の価値観や政治信条にとらわれずに、国民目線で選択肢を提案していくべきじゃないか。国民に選択の余地を与えることが政治家の役割ではないか。そう思って日本維新の会に提案したのだ。

しかし、日本維新の会の幹部において、これらの問題について、自民党とは異なる新しい日本の道を積極的に模索しようとする者はいなかった。夫婦別姓は自らの信念に反する、女性天皇なんてとんでもない——そうした個人的な価値観や政治信条から、自民党に同調する幹部ばかりで、結局日本維新の会としては現状維持というスタンスになった。

日本維新の会のメンバーは自民党出身者が多い。だから政治家個人の価値観・政治信条だけで言ったら、自民党と同じ方向性になるのは当然だろう。しかし、それでは有権者の選択肢は広がらない。

自分の価値観や政治信条などは政権を取ってからしか実現できない。まずは政権を取ることが重要で、野党なのに自民党と同じ日本の方向性を示しても、有権者は自民党の支持に回るだけだ。

日本維新の会の母体である地域政党大阪維新の会が、大阪において自民党と対抗できるほどの支持を得ているのは、知事と市長という地方政権を取り、実績を示しているからだ。

行政権を握っているからこそ、大阪維新の会は自分たちの価値観や政治信条をさらに打ち出し、それを実行し、そのことによってまた支持を得るという政治循環を構築することができる。自分たちの価値観や政治信条をガンガン打ち出すことができるのは、政権与党になってからだ。行政権もなく、しょせん口だけの野党は、まずは政権与党とは違う日本の新しい道という選択肢を有権者に提示する必要がある。

過去には、政治家はある種のエリートであり、高度な教育を受けた者、有権者の中から選《よ》りすぐられた者などがその職についていた。そうした時代なら、政治家は自らの価値観・信念・政治信条に基づき、有権者に対して「自分についてこい」というスタンスで政治を行っても、票を取ることができたのかもしれないし、むしろそのような態度振る舞いが票を取るために必要だっただろう。

しかし現代においては、国民全体の教育レベルが上がり、社会も成熟している。有権者と政治家の間の能力差なんかほとんどない。むしろ民間の有権者の方に、政治家よりも能力のある者がごまんと存在する。

この点が、政治家、特に野党の政治家が最も勘違いしているところで、野党が強くなれない最大の理由だ。今のご時世、政治家が個人の思いを語ったところで、有権者は誰も振り向かない。有権者が引きつけられるような日本の新しい道、選択肢を熱く語るべきだ。そのためには、徹底した「政治マーケティング」が必要不可欠となる。

アメリカで全盛の「政治マーケティング」

政治家や政党が国民のニーズ・意向をマーケティングし、それに対応したメッセージを打ち出す手法は、実はアメリカでは極めて一般的になっている。

政治学者の鈴木崇弘さんが、アメリカの政治マーケティングについて分析を行っている。鈴木さんによると、アメリカの政治では、政治家や候補者の実像以上に、有権者に受けがいい像をいかに作り出すかが重要とされている。そして有権者の意向を把握するために、世論調査や有権者情報の蓄積などの仕組みづくりがなされており、それが政治活動や選挙活動を行う上での基礎に据えられているという。

歴代大統領の中で、もっともマーケティングを活用した大統領の一人が、ジョン・F・ケネディ。大統領選の予備選および本選で、世論調査専門家ルイス・ハリスと組んで世論調査を駆使したことが、勝利の一因となったと言われる。ケネディは、世論調査を本格的に活用した初の大統領だった。

ＩＴ技術が発達してきた２０００年以降には、政治コンサルタントのカール・ローブらが共和党と組み、選挙民に関する公用および商用のあらゆるデータを活用した膨大なデータベースを作成した。それは、家庭での雑誌の購読、酒・食料品・衣類などの購入データ、ゴルフクラブやフィットネスクラブへの加入から、バケーションを過ごした場所、車や家の購入データにまでおよぶ、一人ひとりの消費活動の膨大な記録であったという。

このデータベースには、2004年の大統領選の時点で1億6800万人の有権者データが入っており、現在もさらに進化しているとされている。

共和党の政治家たちは、このデータベースに基づいて、選挙区のエリアや、より小さなセグメント、そして最終的には選挙民一人ひとりに向けたアピールを行い、勝利を収めていった。民主党はやや後れをとったが同様のデータベースを構築し、2006年の連邦上院選挙から活用、躍進したという。2008年に大統領となったバラク・オバマ氏は、大統領選挙において、特にインターネットを介した支持者のデータ収集と組織化、ソーシャルメディアと連携した組織の自己発展拡大など、最先端のマーケティング技術を用いた。

イタリアの五つ星運動から学べること

2018年イタリア総選挙では五つ星運動が大躍進し、現在政権の一翼を担っている。

人気コメディアンのベッペ・グリッロ氏と、企業家の故ジャンロベルト・カザレッジョ氏が立ち上げた政治運動体（本人たちは政党だとは言わない）だが、このカザレッジョ氏がITシステムをフル活用して支持層を広げている。総選挙を実際に見ることと併せて、五つ星運動の実相を確かめるためにイタリアに行って当事者たちに話を聞いてきた。

さきにも述べたが、既存のイタリア政治に対する国民の不満は非常に大きい。政治家と企業の癒着による汚職や公務員組織の不正が跡を絶たない。国民は政治権力が腐敗しきっていると感じているが、半ば諦めているところもあった。

このような状況下で、既存の政治とは正反対の政治を目指す五つ星運動が誕生した。インターネットの中のミーティングサイトを通じて、有権者と専門家が議論しながら、政治家を輩出し、このミーティングの内容を実際の政治に反映させていく。その主張も議員報酬削減、議員定数削減、企業献金禁止、２期務めたら引退など政治の腐敗を断ち切るためのものを中心に、ＥＵと距離を置きロシアとは距離を縮める外交政策や、減税や給付金支給を政策の柱とするなど、既存の政党が示すものとは明確に異なるイタリアの新しい道を示している。

もちろん、インターネットサイトでの決定が最終決定になり、政治家はその決定に従うのみというルールについては賛否両論があり、ポピュリズム政党だと国内外から激しい批判を受けているが、もともと何の組織もないところから、爆発的に支持者を増やし、今や政権の一翼を担っているという事実から目を背けるべきではない。

五つ星運動が立ち上がったのが２００９年。大阪維新の会を立ち上げたのが２０１０年。国政政党日本維新の会を立ち上げたのが２０１２年……かたや五つ星運動は政権を取り、かたや日本維新の会は支持率１％で風前の灯。五つ星運動の、既存の政治に不満を抱いている有権者を自分たちの政治運動に引きつけ政治討論に参加させるマーケティング手法は大いに参考になるはずだ。

日本で活用できる政治マーケティングとは

ただ、アメリカの政治マーケティングは、ちょっとやり過ぎの感がある。アメリカではコンサルタント業務が華やかであるが、政治マーケティングもマーケティング会社のビジネスの側面が強過ぎる。政治家の実像以上に受けがいい像を作り出すということも、選挙運動という一時的な期間における政治家の態度振る舞いを繕うことであって、政党を真に強くするものではない。そもそも消費市場の意向を的確に把握する市場マーケティングは、消費者が商品・サービスについて無限の選択肢を有することを前提に、膨大に存在する商品・サービスのパターンの中からどのような商品・サービスを売り出すかを決める作業だ。ゆえに消費者動向のビッグデータを活用して、消費者の嗜好を細かく分析する必要がある。

しかし、政治マーケティングの場合、特に二大政党制を前提とする場合には、有権者の選択は、最終的には与党か野党かの二者択一になる。ゆえに野党は、結局は与党との違いをアピールする道しかない。野党に膨大な選択肢があるわけではなく、野党の選ぶ道を探るために有権者動向のビッグデータがそこまで必要なのかは疑問だ。政治マーケティングは、野党であっても与党と同じ方向性を目指すべき政策と、野党である以上与党と違う方向性を目指すべき政策を峻別し、特に後者について、有権者全体が強く関心を示すものは何かを探っていくことに活用することになるだろう。

政権交代の風は最後はもっと感情的な要素も含めて与野党二者択一という形で吹き荒れる。野党は、有権者のニーズに細かく対応するよりも、有権者全体が最も関心を寄せる「与党との決定的な違い」を明確にアピールすることに注力すべきであり、このために政治マーケティングをすべきだ。

トランプ氏の2016年11月のアメリカ大統領選挙での勝利は、エリアごとの戦術的な政治マーケティングの成果だと言われることが多い。

しかし、トランプ氏が示したアメリカの新しい道は、結局のところオバマ前大統領が行ってきた政治とは逆の政治にほかならない。オバマ前大統領の路線を引き継ぐクリントン氏とトランプ氏が獲得した票数は拮抗《きっこう》しており、得票総数ではクリントン氏の方が上回っていた（アメリカ独自の選挙人制度によってトランプ大統領が当選したに過ぎない）。トランプ大統領の目指す新しいアメリカの道が、もう少しクリントン氏に似通っていたり、あまりにも有権者のニーズからかけ離れていたりしたらトランプ氏は負けていたはずだ。

有権者が強く関心を示す移民難民政策や通商政策、そして外交・安全保障政策などで、トランプ氏はオバマ前大統領やクリントン氏とは異なる道を明確に示した。移民難民は厳格に規制し、メキシコとの国境には壁を作って国境管理をする。アメリカの貿易赤字を解消する。関税引き上げの手法も厭わない。外交・安全保障政策では、同盟国に適切な負担を求める。そしてこれらを「アメリカファースト」とまとめて強烈に発信した。

世界の誰もが分かる、このアメリカの新しい道の提示こそが、トランプ氏に勝利をもたらしたが、決定的な勝因は、エリアごとの有権者動向のビッグデータ活用にあったわけではないだろう。もっと単純だ。オバマ前大統領と真逆の方向性を強烈に示したことが勝利を決定づけたと思う。

有権者の選択は消費者の選択とは異なる。二大政党制の下《もと》での選挙では、有権者の選択の動機は、結局は現状への満足か、現状への不満しかない。現状への満足なら与党へ、現状への不満なら野党へ支持が集まる。

野党は有権者の現状への不満をつかみ取らなければならない。その際、有権者が現状に不満を感じているのは、与党の政策に不満を感じているのか、それとも政策にはそれほど不満はないが、与党の実行力やその他の態度振る舞いに不満があるのかを的確につかむ必要がある。与党の政策への不満であれば、野党は政策的な新しい道を示さなければならないし、与党の実行力やその他の態度振る舞いへの不満であれば、野党は政策的には与党とほぼ同じになっても、実行力やその他の態度振る舞い的なところでは決定的に新しい道を示さなければならない。ここを探っていくのが今の日本の野党に必要な政治マーケティングであり、有権者動向のビッグデータの解析にとどまらない。

そしてこのような政治マーケティングを行っていく際には、的確で合理的な質問形式の世論調査や、イタリア五つ星運動的な討論参加型のマーケティングが有効だと感じる。アメリカ的な有権者動向のデータベースを活用した政治マーケティングは、あくまで選挙運動時のイメージアップ作戦の要素が強いように感じる。とはいえビッグデータの活用策として、アメリカ的な政治マーケティングがこれから日本でも流行《はや》ってくるであろう。

いずれにせよ、政治家が個人の価値観・理念・政治的信条を、有権者に対して一方的に押し付ける政治は時代遅れになっていることは間違いない。

大阪維新の会でも、国政政党日本維新の会を結成し、政党助成金の交付を受けるようになって資金的に余裕が出てきた頃から、党独自の世論調査を活用していた。調査の際の質問事項をその都度工夫し、分析・解析も統計手法を駆使しながら多角的・科学的に行っていた。その分析・解析結果を実際の政策立案やビラ作成、街頭演説にも活用していた。ただし、その世論調査の結果は、大手メディア各社の結果と異なったり、実際の選挙での出口調査と異なったりするなど、精度は高くなかったが、それでも大阪維新の会がマーケティング政治を意識していたことは確かである。

安倍政権のマーケティング力

現在の日本の政界でもっともうまく政治マーケティングを行っているのは、安倍首相率いる安倍政権だ。

自らの政治的信念・信条に固執することなく、有権者の意向をよく汲んで、政策に反映させていることが、政権の安定につながっていると感じる。選挙のたびに、経済や教育・福祉、暮らしに関する政策を前面に押し出し、しかも野党が主張していた政策をどんどん取り込んで有権者の支持を取り付ける。そして選挙が終わると憲法や安全保障など、有権者からは受けのよくない安倍首相のこだわりの政策を推し進める。

このような政治の進め方をメディアやインテリ層は批判するけれど、僕に言わせればこれこそマーケティングに基づく政治そのものだ。

憲法9条の改正に関してもそうだ。本来安倍さんは9条2項を削除して、日本は完全な軍事力を持つべきだという考えだが、それでは有権者に受け入れられないと察し、9条2項はそのままにして、自衛隊を合憲化する規定のみを置くという改正案を提案してきた。戦後七十年談話では「侵略」「お詫び」「反省」という言葉を間接的ながらも盛り込んだ。慰安婦に関する日韓合意でも「責任」「反省」「お詫び」という言葉を盛り込み、いわゆる河野談話を継承した。靖国神社への参拝は一度行ったきりでその後は控えている。さらに天皇の退位を認める手続きを定めた。

これらは安倍さんの熱烈な支持層の価値観にはむしろ反しているが、有権者全体の意向に配慮して、自身のこだわりの価値観や政治信条を貫徹することは止めている。移民政策は採らないと言いながら外国人労働者を研修生名目でどんどん受け入れたり、農家を守ると言いながら農家をある程度犠牲にしてTPP（環太平洋パートナーシップ）などの自由貿易を推進するなど、自民党の支持者を騙しながらでも現実の課題に対応し、有権者全体の利益をはかっている。

また経済界に労働者の賃上げを要請したり、同一労働同一賃金や残業規制を導入したり、幼児教育や高等教育を無償化したりする政策は、旧民主党・旧民進党時代から野党が主張していたこと。これによって野党の支持層まで取り込もうとしている。

こうした安倍さんのマーケティングに基づく政治、態度振る舞いによって、森友・加計学園問題や、財務省の前代未聞の公文書改ざんや国会での虚偽答弁、財務省事務次官のセクハラスキャンダルや文部科学省幹部の収賄汚職という、本来であれば内閣が倒れてもおかしくない問題が次から次に生じても、今なお41％（2018年8月、NHK）という安定した支持率があるのだろう。

旧来の自民党は「見える票」を獲得する政治、つまり業界団体や固定の自民党支持層に目を向けた政治をしていた。ところが安倍政権の強さは、いわゆる無党派層や野党の支持層にまで目を向けた政治をやっている点だ。

2007年に第一次安倍政権がわずか1年で終わったあと、安倍さんは「見える票というのはしょせんこんな程度の力しかないのか」と感じたと思う。政治家をずっとやっていると、周囲にいる支援者が日本全体の状況だと錯覚してしまう。特に国会議員は、日本全体と比較すれば小さな小さな地元の選挙区で、国民全体からみればほんの少しの人々の支持を得れば選挙で当選し、そのような支援者に囲まれて一生を過ごす。ゆえにおのずと、支援者ら一部の有権者にしか目がいかないようになり、彼ら彼女らの意向こそが国民全体の意向だと錯覚するようになる。

そのような国会議員が首相や大臣など、国民全体の支持が必要になるポジションに就いてはじめて、自分のこれまでの価値観・信念・政治信条・感覚では支持を得られないことを痛感する。しかし、そのときには時すでに遅しというパターンが多い。

僕は政治家になる前にテレビメディアで仕事をしてきて、目の前の数台のテレビカメラの向こうに何百万人の視聴者がいることを常に意識してきたので、政治家になってからも目の前の支援者の声が有権者全体の声ではないということを十分に分かった上で政治をやっていたつもりだ。その僕でさえも、熱烈に応援してくれる1000人や2000人に政治パーティーなどで囲まれて「頑張れ！」「もっとやれ！」「応援している！」などと言われると、これが民意かという気に一瞬なってしまう。

日本の有権者1億人のうちのたかだか1000人、2000人に過ぎないのに、目の前に見える1000人、2000人という数の威力は政治家にとってとてつもない。

国民全体からすればほんの一部に過ぎない自分の熱烈な支援者の声を国民全体の声だと錯覚するのは、政治家の陥りやすいワナであり、このワナに陥らないように、そして陥ってもそこから脱するためには、政治マーケティングをフル活用する必要がある。野党が支持層を広げ、強い野党になるためのキーだ。

リサーチチームを活用した大阪の実例

僕は2008年に大阪府知事になってすぐ、府庁の職員数名で政策マーケティングリサーチチームを作った。府庁職員の中で超学者肌の者がいて、その職員を中心にチームを編成した。さらにインターネットに数千人単位で有権者に登録してもらい、こちらからの質問等に答えてもらう府民モニター制度を整えた。府民の皆さんにはささやかな謝礼の品で協力してもらった。それまで企業の顧問弁護士として企業経営に関与していた経験から、マーケティングの重要性はよく分かっていたので、政治行政の世界では顧客である有権者の声をしっかりとマーケティングしなければ、効果的な政策は作れないと確信していた。

メディアの報道だけを見ると、大阪では僕が何でもかんでもトップダウンで強権的に進めていたように思えるだろうが、実際は、事前にマーケティングリサーチチームを使って、多くの場合、政策効果をかなり精緻に分析・検証していた。有権者の意向だけではなく、政策効果の科学的根拠を探っていく。

言葉で言うのは簡単だが、政策効果を確かめるのは非常に難しい。特定商品の特定消費者に対する影響と異なり、政策は何百万人という有権者を対象にしたものだし、社会で起きる現象は、政策だけでなく社会のあらゆる要素が絡まって生じるものだからだ。仮に犯罪率が減ったという現象が生じても、それは治安を良くするための政策の効果なのか、それともその他の社会的要因が影響しているのかの判別は難しい。それでもマーケティングリサーチチームに現在の知見を基にできる限り科学的分析・検証をしてもらった上で、ある政策をやるかやらないか、やるにしても修正をかけるのかの知事判断を下していた。

たとえば、大阪府の環境農林水産部から、太陽光発電を普及させる目的で、太陽光発電機を設置した家庭に設置費用の一部を補助する政策提案があった。予算額は年数億円単位であったが、僕はリサーチチームのマーケティング結果を基に、その政策提案を却下した。

太陽光発電機は、当時、1台設置するのに200万〜300万円ほどの費用がかかった。それに対し、担当部局が提案してきた補助金額は数万円。設置費用に対して微々たる補助金額である。ゆえに僕は、それが設置を考えている家庭にとってどれほどのインセンティブになっているか疑問を持ったのが始まりだ。

補助金があることで購入決意したという家庭が多いのであれば、政策効果が認められ成功だが、もし補助金があろうとなかろうと購入を決意したのであれば、太陽光発電の普及の後押しというよりも、単に購入者の負担を少しばかり軽減したバラマキ政策にほかならない。

まずは、なぜ補助金額が数万円となっているのかを担当部局に確認したが、驚くことに根拠がなかった。これは行政にありがちなことだ。まずは全体の予算を確保する。そしてその全体の予算の中で、これまでの実際の太陽光発電の購入家庭数を基にして、できる限り多くの家庭にお金が回るように、一家庭あたりの補助金額を決めていく。つまり補助金がなかった場合よりも、補助金を出すことによってより太陽光発電を普及させようという思考ではなく、もともと補助金がなくても購入する家庭数を基に、予算をできる限り多くの家庭にバラまこうという思考である。国策として再生可能エネルギーを広めるという

「流行り」に乗って、とにかく政策を作ろうとした結果なのだろう。

そこで僕は、リサーチチームに対して、いくら補助金がもらえれば、もともと購入する意思がなかった太陽光発電機を購入する気持ちに切り替わるか、その金額のラインを探るように指示した。府民に対するアンケートや府民モニター制度を活用した意識調査を多角的に行い、科学的・統計学的手法を用いてチームが出した結論は、担当部局が考えていた「数万円では購入決意を促す効果なし」というものだった。もともと設置するつもりがなかった人に太陽光発電機を買わせる気にする、すなわち太陽光発電を普及させる効果を出すためには、補助金を担当部局が考えていた額の10倍以上が必要という結論になった。そうなると予算の制約上、わずかな数の家庭にしか補助金が出ないことになる。

仮に補助金対象家庭を増やそうと思えば、莫大な予算を追加しなければならない。僕は大阪府の財政状況に鑑み予算追加は却下し、購入意思を起こさせる効果のないこの太陽光発電機補助金制度は止めようと判断した。ここまでリサーチを行った上での判断だったので、担当部局は却下という判断に納得してくれた。

◆

府知事の時代にもう一つ、マーケティングリサーチチームを使って構築した大きな政策が、私立高校の授業料支援補助金制度だ。世帯収入何万円までの家庭にいくらの補助金を出すのか。従来の補助制度を確認したところ、やはり世帯収入の区分やその区分ごとの補助金額の差、そしてその補助金額について明確な根拠はなかった。全体の予算が先にあって、その範囲の中でできる限り多くの家庭にお金がいきわたるようにする思考や、これまでやってきた額を踏襲する前例踏襲思考、さらに他の都道府県の制度に追随する横並び思考に基づいており、政策効果については特段吟味している様子がなかった。

いまは流行りの政策となっている教育の無償化だが、僕は2009年頃に私立高校の無償化にチャレンジすることを表明し、関係部局にその制度案の作成を指示した。財政部局を中心に大阪府庁組織は猛反対。理由は「財源不足」が主で、他には「そこまで補助する必要はない」「無償に見合う効果が見えない」などなど。新たに年間250億円の追加予算が必要になるので、役人たちが反対するのは分からないでもない。

こういうときに、知事がやれやれと役人をせっついても、将軍様の言うことを聞かなければ銃殺される北朝鮮政府と異なり、民主国家の役人組織はのらりくらりと仕事を引き延ばす。そのようなときには人事権の発動で、仕事をやってくれる人材に交代するのも組織マネジメントのやり方の一つだが、まだ知事に就任したばかりで、職員との信頼関係も強固ではなく、むしろ職員とは激しくぶつかっていたこともあり、いきなりの人事権発動は控えた。

そこでリサーチチームに私立高校無償化政策について、どのような制度が最も効果的かマーケティングさせた。世帯年収何万円の家庭に何万円の補助を入れたら、効果が一番大きいか、あらゆるパターンを検証した。当時この政策の効果として議論されていたのは、本来家庭の経済状況により私立高校に進学するつもりはなかったが、補助金によって私立高校に進学する決意に変わることを促すというものだった。どのような補助金の支給の仕方が、私立高校への進学決意を最も促すのか。この観点で徹底的に検証すると、最終的にはよく分からないということになった。さらに、私立学校にどうしても行かせたい家庭は、一部負担をしてでもどのみち行かせる、という意見も出てきた。役人側がまとめてきた案は、この意見にのっとり、低所得世帯以外の大多数の家庭に年20万円の一部負担を求めるものだった。

僕は、知事室に関係部局の幹部を集めて、年収610万円未満の世帯は無償、800万円未満の世帯は年間10万円のみ負担するという、高校生を抱える家庭の多数が無償になる案に最終決定した。その理由として僕はこう言った。

「授業料補助制度においていくらの補助をすれば私立高校進学の意図に切り替わるのかという効果は不明である。すなわちこの政策は私立高校への進学を促すためのものではない。単純に各家庭の可処分所得を増やして家計を助ける、ある意味バラマキ的なものに過ぎない。そうであれば、あとは知事として財源を確保した分だけバラまけばいい。私立高校無償化政策とは、家庭の経済状況にかかわらず公立と私立どちらにでも進学できる機会を与え、公立、私立を切磋琢磨させて各学校の特色をさらに伸ばし、そして各家庭の可処分所得を上げて消費効果も高めるものだ」

その上で、大阪府の財政状況を分析し、前年に行った行財政改革の効果により年間200億円ほどは十分に使えると判断し、「選挙で知事に選ばれ、前年に徹底して行財政改革をやった以上、200億円は使わせてもらいます」と主張した。これまでの議論の経緯から役人たちは納得してくれた。

太陽光発電の補助金制度のときには、役人提案の補助金額では太陽光発電の設置を促すという明確な政策効果が分からなかったので、補助金制度自体を却下した。私立高校の授業料支援補助金制度のときには、私立高校への進学を促すという従来の補助金制度の政策効果がよく分からなかったので、財源確保の上、見込まれる政策効果を変えて単純なバラマキ的な無償化政策に作り替えた。

当初の政策効果が分からないというところから、それぞれは全く別方向の結論となったが、これこそがトップ判断というものである。そのようなトップ判断をし、組織を納得させるためにはマーケティングリサーチが最高の威力を発揮した。

現在利益より「将来利益」を重視する

マーケティング政治は、有権者の現在利益より「将来利益」を重視するべきだというのが、僕の持論だ。

たとえば、マーケティングの結果、有権者の多くが子育て世代を大事にする政策を求めていることがわかったとする。しかし、そのためには高齢者の社会保障や医療、年金を犠牲にしなければ予算が回らない。それでも、将来の日本を考えたときには、将来の日本を支える子育て世代を大事にした方がいいと判断し、高齢世代に負担を強いる政策を訴えるかどうか——そうすれば選挙で投票率の高い高齢世代の票を失うリスクがある。

このとき野党には、将来利益の実現のために挑戦する姿こそが生命線。当面は国政で政権を取れる状況にないなら、大阪で維新がやってきたように、地方からでも将来利益のためにやれるところからやる。そのがむしゃらに実行する姿こそが有権者に響いていく。

今の野党を見ていて思うのは、将来利益のために、次世代のために、現在の高齢世代からの批判覚悟で、がむしゃらに挑戦するエネルギーが弱い。次世代を見据えている迫力を感じない。口では次世代のためにとカッコいいことを言っておきながら、結局は目の前の票を気にしていることがバレてしまう。

自民党は現在の業界団体や、得票率の高い高齢者という「見える票」を狙いに行っている。そうであればこそ野党は、あえて「見えない票」を狙いに行くべきだ。有権者に、自民党との違いを明確に示すべきだ。そうすると見える票の一部は離れていくかもしれないが、教育レベルの高い日本の有権者の多くは、すなわち見えない票は必ず付いてきてくれるはずだ。

このように信じることができなければ、野党をやっている意味がない。見えない票を信じることができなければ、土下座をしてでも自民党に入党させてもらった方がいい。自民党に対抗する野党は、見えない票を追い求めることに意義がある。これで支持されないのであれば、しょせん日本の有権者のレベルはそんな程度のものとドライに割り切り、政治は自民党に任せ、野党政治家をさっさと辞める覚悟を持つべきで、またこの覚悟こそが迫力となって有権者に伝わる。

国会で政府与党の問題点を追及し、安倍政権を追い落としに行くのは、それはそれで野党の役割の一つであるが、その活動と並行して、10年、20年先、さらにはその先の次世代を見据えた迫力と熱意を持った動きが野党には欲しいところだ。

教育や子育て世帯、現役世代の可処分所得を増やすために税金をドーンと投入する。国の経済規模を基準として見れば、ここに投入している税金の割合は、日本は先進国の中で最下位クラスだ。そのためにも、これまで税金投入が厚過ぎた他の部分を適正化する。資産のある者にはもっと社会保障を負担してもらい、資産のある高齢者には年金給付を減じてもらい、場合によっては年金ゼロということもありだと思う。年金は「保険」なので自力で老後の生活を営める人には、「保険」は不要だ。そもそもこれだけ長寿社会になったのであれば、年金支給開始年齢を65歳からさらに引き上げる必要もあろう。増大する医療費については、高収入の開業医や病院経営者の医療報酬に大胆にメスを入れる。

これらのことを断行しようと思えば、凄まじい反発を受けるであろう。しかしその反発を乗り越える姿に、とてつもない迫力が生まれる。そして「全ては次世代のために」という、自民党とは決定的に異なる政治姿勢を有権者に強烈に示すことができる。トランプ大統領は、オバマ前大統領やクリントン氏路線とは全く異なる「アメリカファースト」という強烈な選択肢を示したことで支持を勝ち取った。野党にとって必要なことは、政権与党とは決定的に異なる日本の新しい道の提示だ。

◆

そして僕も、政治家時代にずっとやってきたのは、現在利益よりも将来利益をはかることを有権者に提示するということだった。

大阪府の職員給与やボーナス、各種手当や退職金カット、職員数減で人件費を約1300億円削減。加えて、天下り法人やハコモノの大幅削減、これまで政策効果が厳密に検証されないまま、前例踏襲的に支給されてきた補助金のカットなどで、08年度からの3年間で約3000億円の歳出削減――これらはそのときは一部の府民に負担になったかもしれないが、将来利益につながったと自負している。

僕が大阪府知事に就任した当時、大阪府の財政状況は極端に悪化していて、裁量で使える予算がほとんどなかった。それが、今の大阪府の財政はやや余裕ができて、松井大阪府知事は将来の大阪のために、大胆な災害対策整備やインフラ整備、そしてカジノを含む統合型リゾートや万博の誘致に力を入れることができるようになった。

2013年、大阪市長だったときに起こった、バスケットボール部顧問の暴力的指導によって生徒が自殺に追い込まれた「大阪市立桜宮高校の体罰問題」への対応として、僕が同校のスポーツ科の入試を中止にしようとしたのも、ここでこの学校を抜本的に立て直すことが、結局は将来の子供たちのためになると考えたから。当時は、生徒、保護者、学校関係者をはじめ大阪市民の多くも、教員の体罰によって生徒が自殺した学校の恐ろしさというものを十分に認識していなかったようで、学校の立て直しよりも目の前の入試を滞りなく行い、バスケットボール部の大会を何とかしなければ、という感じだった。だから僕は中止を提案して以降、教育委員会はもちろん、大手メディアや自称インテリに連日、批判され続けた。

しかし、僕は、ここで学校を抜本的に立て直さなければ、組織の根腐れはそのまま残り、必ず次の犠牲者が出ると確信していた。たとえ命を落とすところまで行かなくても、この学校で不合理・不条理な暴力的指導が行われることは、これから入学してくる将来の生徒に対して著しいマイナスを与える。抜本的な組織の立て直し改革を行うなら、その組織の活動は一旦停止して、きちんと立て直した上で再開させるというのが組織改革論の基本。僕はそれに倣《なら》ったまでだ。

教育委員会があまりにかたくなに入試中止は無理だと言うので、僕は最後に伝家の宝刀である「予算執行権」を持ち出した。僕は法律家だから、教育委員会制度の盲点に気付いていた。入試をやるかどうかは確かに教育委員会が決定権を持っているが、学校に予算を付けるかどうかは市長が決定権を持っている。

ここを突いて、「入試をやるならやればいい。しかし市長としては桜宮高校に予算は一銭も付けない。それでも入試をやって学校を運営するというなら、お金は自分たちで工面してくれ」と宣言した。これに対しても批判の嵐が巻き起こり、「教育委員会制度の破壊」と叩かれた。そして、教育委員会がそれでも入試を決行してきた場合には、市長を辞職し、出直し市長選挙で入試中止の是非を市民に問うつもりだった。

その心の内は松井一郎さんと当時日本維新の会の共同代表を一緒に務めていた石原慎太郎さんにだけ打ち明けたけれど、石原さんには連日電話をもらって再考を促された（笑）。

結局、こちらの迫力と覚悟が伝わったのか、教育委員会は入試中止を決定。その後、教員を抜本的に入れ替え、全日本女子バレーボールチームの元監督の柳本晶一氏に改革を委ね、「プレイヤーズファースト」の視点で、徹底した学校改革に取り組んでもらった。そのための予算はどんどん付けた。1年かけた改革で、学校は根本的に生まれ変わったと判断できたので、スポーツ科の入試を再開した。

その後しばらくしてから、桜宮高校に通う生徒の保護者に直接、話を聞く機会があった。僕が聞いたのは、こんな言葉だった。

「橋下さんがスポーツ科の入試を中止にしたときには桜宮高校を潰すんだと思って、殺してやりたいぐらいはらわたが煮えくり返ったけど、あそこで入試を中止にして、強い態度で臨んでくれたから、学校が本当に生まれ変わりました。以前は完全に勝利至上主義の洗脳状態にありました。ありがとうございました」

市長の仕事は、毎日毎日、脳みそから汗が出るほど頭を使いながら、体力の限界までやっているのに、内野からも外野からもボロクソに批判をされる。僕だけでなく家族まで殺害予告を受けたこともある。自ら課した方針とはいえ、給料や退職金は大幅にカット。そんな市長職だったけど——この保護者からの一言で、全てが報われた気がしたね。

たとえそのときは受け入れられずとも、将来がよりよく変わると信じたなら、どんな批判や妨害の壁があろうとも、僕は将来の利益のために改革に挑戦した。当時は支持を失ったかもしれないけれど、その後、市民からのさらに強い支持を受けたと確信した。

高齢者の理解の深さを信じている

日本の有権者は賢明だ。次世代の利益のために高齢者の負担を増やす改革であっても、政治家の本気度が高齢者に伝われば、多くの高齢者が理解してくれることも痛感した。

大阪市には70歳以上の高齢者は、市営地下鉄（現Ｏｓａｋａ Ｍｅｔｒｏ）や市営バス（現大阪シティバス）が無料で乗り放題になる「敬老パス」なる制度があった。70歳に近づく市民は、この敬老パスの交付を楽しみにしているという。しかしこの敬老パス制度には、年間１００億円近くの税金がつぎ込まれていた。全国の市町村を見渡しても「完全無料」までのサービスをやっているのは大阪市しかない。

こんな大盤振る舞いをしておきながら、大阪市においては、全国の公立の中学校の80％以上が実施している給食が実施されていなかった。公立の小中学校にはエアコンも設置されていなかった。これはどう考えてもアンバランスだった。

しかし、選挙での投票率の高い高齢者に負担になる改革は、選挙にダイレクトに影響してくるので、誰も手を付けることができない聖域となっていた。僕は大阪維新の会と公明党と協議し、２０１３年から敬老パス保有者に年間３０００円、14年から１回の乗車で50

円の自己負担を求める改革を断行した。このことによって年間30億円ほどの財源を生み出すことができた。議会の他党からはもちろん、高齢者市民の一部からは猛反発を受けた。

このときあたりから「高齢者に冷たい橋下市長」というキャラクターが市民に広まった。街頭演説やタウンミーティングでも、市民からこの改革についての反対意見が必ず出たが、改革を行っても地下鉄・バスを一回50円でどこまでも乗れるというのは他の地域に比べれば非常に優遇されたサービスであること、この改革によってお粗末だった子供たちの教育環境が劇的に変わることなどを繰り返し繰り返し説明した。徐々に高齢者の雰囲気が変わってきた。

さらに僕自身が42％の給料カット、84％の退職金カットを実行していたし、大阪市職員の給料や市議会議員の報酬もカットしていたので、市民の皆さんも、「橋下があそこまでやってるんなら仕方がないな」という理解にもなっていった。もちろん激烈に反対し続ける高齢者も多かったが、維新の支持率が目立って低下することはなかった。むしろ国政選挙などでは大阪においては自民党を上回る票を集めることができた。

お金にシビアな大阪ですらこうなのだから、日本の高齢者の皆さんの多くは、自分たちが多少の負担をしてでも、次世代のためにそのお金がきちんと使われるなら納得してくれると信じている。ただし、その改革を断行する政治家もしっかりと身を切る改革を行っているかがポイントだ。しかも、言い訳程度の身を切る改革ではなく、そこまでやるか！と思われるほどの身を切る改革だ。政治家がぬくぬくとした環境に身を置きながら、高齢者に負担を求めても理解はされない。高齢者に負担を求める改革を成功させるには、次世代の利益をしっかりとはかることと、当の政治家本人が、有権者に同情されるくらいの身を切る改革で負担を負うことがポイントだ。

自民党は国会議員が政治活動をするにはそれなりのお金がかかると言って、身を切る改革をやる意思はない。だからこそ野党はチャンスだ。メディアやインテリ層からはポピュリズムだと批判を受けるだろう。しかし、国民に負担を求める改革を断行するのであれば、政治家の身を切る改革は必要不可欠だ。

既得権益層との戦いこそ野党の使命

政治家の多くは、政策こそ重要と言う。こんな政策で日本をよくする、こんな政策で地域を良くすると訴える。

もちろん政策の中身は大切だ。そして政策の中身については政治家よりもその道の専門家の方が詳しい。ただし、口で唱えることと実際に実行することは全く異なる。学者やインテリ層は思いついたアイデアや持論を展開し、問題点の指摘ばかりしておけばいいが、政治家は実行しなければならない。

他方政策を実行していくには、法体系や他の制度との統合性など、さまざまな面での膨大な調整が必要であるが、最も困難なのは、その政策に反対している人たちとの調整である。

特に、現在の規制や制度によって自分たちの利益が守られている人たちは、その規制や制度を変更する政策については、凄まじいエネルギーで反対の声を上げる。大手メディアがこの反対の声に乗っかってきたときには、政治家は政治生命を奪われるギリギリのところまで追い込まれることがあるし、場合によっては本当に政治生命を奪われる。

現在の規制や制度の多くは、長年与党であり続けた自民党が業界団体の声などを汲み上げながら築いてきたものだ。もちろん業界団体などは資金的にも、選挙運動においてもしっかりと自民党を応援する。日本の高度成長時代は、産み出される富を配分することが政治の主な役割であったので、個々の既得権を守りながらそれを調整することで足りた。しかしいまや高度成長が終わったどころかパイが縮小しつつある。個々の既得権を守ることが強すぎると、それぞれの業界において切磋琢磨が生じず、活力が生まれない。イノベーションも起きない。新規参入を拒まれ、著しく不公平・不利益を受ける者が多数出てくる。安倍政権もアベノミクスの第三の矢として規制緩和を掲げているが、それがうまく進んでいないことは周知のとおり。それは自民党の本質からして当然のことだ。自民党は、現在の規制、制度を守ることに本来的な存在意義がある。

そうであれば、特定業界団体に属していない無党派層の利益を代弁する野党がどうしても必要だ。宗教対立や階級対立が存在しない日本においては、業界団体を固い支持層にするか、業界団体に属していない一般の有権者を支持層にするかという支持層の違いが政党の対立軸になる。

現在の規制、制度を変更しようと思えば、官僚組織や業界団体が猛烈な反発の声を上げる。協議することで調整がつけばいいが、そうはいかない。現実に不利益をこうむる者が発生するからだ。

テレビのコメンテーターなど自称インテリは議会を「議論の場」と考えている節がある。だから「もっと話し合わなければ」などと生ぬるいコメントで批判をしてくる。これは大きな間違いで、議会とはいわば選挙という戦いで勝ち残った武将の集まりであり、人間の凄まじい闘争本能が凝縮した場である。そこには敵意や嫉妬が渦巻いていて、「話せば分かる」などというきれいごとだけでは通用しない。いくら徹底して議論を積み重ねても、話し合いだけでは決着がつかず、政治的に相手を倒すまで戦うしかない。野党は、既得権益層との政治闘争こそが本来的使命である。

◆

さらに個別の政策を「実行する」ことの他にも、政治家にしかできない仕事がある。それは、現行の「体制」そのものを抜本的に変えることだ。体制とは、政治行政の仕組み・システムそのものを言う。個別の政策のことではなく、政策を生み出し、それを実行する政治行政システム、すなわち権力機構・統治機構のことだ。簡単に言えば、霞が関の省庁、都道府県庁、市町村役場という仕組みのこと。

この権力機構・統治機構を変えることは、学者やインテリ層はもちろん、役人にも絶対に不可能だ。権力機構・統治機構を抜本的に変えるということは、あるところから権力を引きはがしてあるところに移したり、あるところから巨額の税財源を奪ってあるところに移したりする作業だ。規制や制度を変更する個別の政策によって不利益を受ける者はしょせん個別の業界団体に限られるが、権力機構・統治機構という体制の抜本的な変更によって不利益を受ける者は、その権力機構・統治機構に関わる者全てとなる。議員、役人、業界団体、権力機構・統治機構から補助金等を受けている者、さらには一般市民まで含まれる。

大阪都構想がまさに体制変更だった。大阪府庁と大阪市役所という権力機構・統治機構を抜本的に変革する構想だった。ゆえに大阪市役所の権力や税財源に変更が加わることによって不利益を受けると思ったあらゆる人たちから、一斉に反対の声が上がった。大阪市議会議員、大阪市職員、職員ＯＢ、業界団体等々が凄まじい反対のエネルギーを結集した。住民投票では大阪都構想は１％以下の僅差だが否決された。

明治維新以来１５０年も続いている今の日本の政治行政の仕組み、権力機構・統治機構は、もう制度疲労を起こしている。抜本的に変革していくしかない。そして、それができるのは政治家だけだ。現在の体制を営々と築いてきた自民党には、体制変更に伴う凄まじい反対の声に挑むことはできないだろう。むしろ現在の体制を守ることが自民党の役割でもある。であれば、既得権益層と政治闘争を繰り広げてでも、現体制の変更に挑むことこそが野党の役割である。

政党の認知度は細かい努力の積み重ねから

自民党と違う選択肢を示しながら、次章で述べるように、地方の首長選で一つでも勝利し、その自治体で実際の行政権を行使して政策を実行し、自分たちの政策が実現すればどのように変わるのかを有権者に実体験してもらう。口だけで耳に心地良いことを言っているだけでは有権者は支持してくれない。実感してもらうことが重要だ。そのようにして実行力がある野党であることを示す。そして国政でも地方政治でも野党で実行できることはどんどん実行していく。

野党が強い野党になるためには、口だけではなく、実行するしかない。今、野党が弱いのは、口だけの政党と有権者が感じているからだろう。そして実行するのは、皆に注目されることだけでなく、むしろ地味で細かなことの積み重ねが非常に重要だ。ど派手なことも確かに必要だが、ど派手なことは有権者の意識からすぐに消える。他方、地味で細かなことの積み重ねは、直接メディアで報じられるかどうかに関係なく、その姿勢というものがじわじわと有権者の意識に刷り込まれて、なかなか消えない。

僕が大阪で知事・市長をやっていたとき、私立高校無償化とか学習塾代助成などの大きな政策は確かにメディアに報じられたが、そういう政策の陰で、「地味で細かなこと」を山ほど積み上げてきたという自負がある。こっちの方がしんどかった。

例えば、公務員給与制度改革。職員の給料水準について、適正かどうかを検証するため人事委員会にデータを出させた。参照したのは民間企業の役職ごと、年齢ごとの給料データだ。これがグラフ上に無数の点で示されている。民間の、この年齢、この役職の人は月給何万円。だから、役所でそれに見合った人はこれぐらいの金額——そのようにして給与を決めていくわけだ。

バーッと一面に点で示されたそのデータを見ていたら、とんでもないところに点が打ってあった。30歳、課長前で月給60万円オーバー——「これ、何？」と問えば、MR（製薬会社の営業職）だという。

MRは、今は接待が禁止されているが、薬を購入してくれる医者たちに営業をかけながら医薬品情報を提供する高収入職種。

ちょっと待ってほしい。MRと見合う役所の職員というのはどういう職種なのか。説明を求めても、人事委員会からは腑に落ちる説明はなかった。あくまでも役職と年齢で比較するのがルールであって職種は関係ないと言う。それなら、そのルールがおかしい。だって役所の職員というのは基本的には事務職であって、バリバリの成果主義的な営業職なんていう職種は存在しないんだから。にもかかわらず、そのようなちょっと特殊なデータを、役所職員の給料水準を決める参考にするのはおかしい。しかし、この無数の「点」の一つ一つについて、何の職種かをチェックするわけにはいかない。

そこで、統計データの上位5％・下位5％は外す——僕はそう指示した。それは統計学的に「異常値」だからだ。

その異常値を外して民間の給与水準を計算しなおしたことで、役所職員の給料も適正な水準に下げることができた。こう口で言えば簡単そうに聞こえるけれど、まず人事委員会にデータを出させるまでに一苦労した。そしてその後のチェックに、人事委員会、役所人事室との激論。これを全て僕一人がやらなければならない。役所側には誰も味方はいないのだから。

出張費、公用車……ドケチな「大阪ルール」

また知事・市長・職員の出張費についても細かく見直した。舛添要一前東京都知事が贅沢な海外出張をしているという批判から、怒濤の如くバッシングされ辞任にまで追い込まれたけれど、大阪ではあんな豪華な出張はできないようにすでにルールを変えていた。舛添さんは「ルール通りにやっていた」と主張していたけれど、そのルールを変える権限を持っているのは知事当人だ。おかしなルールを変えられる責任は知事にあるのだから、おかしなルールに従っていたことを理由に責任を免れるわけではない。

大阪ルールでは、例えば知事・市長が東京に出張して、東京で役所以外の仕事をひとつでも入れたら、帰りの交通費は役所から払わないことにした。これには後任の松井知事もぼやいていた。「役所の仕事で東京に行って、そのついでに維新のメンバーとちょっと打ち合わせしたら、もう自分の金で帰ってこなあかん」と。

宿泊ホテル代も限界まで下げた。今は、東京のホテル代が高くなり過ぎて、大阪ルールはちょっと変えないといけないみたいだ。知事・市長であっても国内線の飛行機は最上級クラスはダメ。僕はJALで1000円自腹を切って、「クラスJ」に乗っていた。僕と松井さんがクラスJに乗っていたら、なんと前のファーストクラスに、日本維新の会で当選したての1年生議員が座っていたことも（笑）。

ほかにも公用車の使い方も、ここまでは公用車OK、ここからはダメと細かく細かくルールを作っていった。道路上で、公用車から私設秘書の車に乗り換えたときもあった。大阪では舛添さんのように、自分の別荘に公用車で乗り付けるなんてことは絶対にできない。知事・市長になって即時、知事・市長交際費も廃止した。普通の知事・市長の場合は数百万円単位で持っていて、かなり自由に使っている。

大阪の場合にも、これまで中学生や高校生のチームが全国大会出場の報告や、全国大会で好成績を収めた報告で知事に表敬訪問をしにきてくれたときに、この知事交際費から金一封を渡していたみたいだ。僕にはその財源がなくなったので、自筆のサイン色紙を渡すことにしたけど不評だったよ（笑）。

これらはほんの一例で、こんな地味な是正を来る日も来る日も続けてきた。

僕は2008年に府知事になったときに、「税金の使い方について徹底的に見直す」と約束した。その後8年間の僕の姿を見てもし、大阪のみなさんに、

「橋下は、大阪維新は、おかしな公務員制度を徹底的に正す。税金の使い方にも厳しい」

というイメージを持っていただけたのであれば、それはさきほど言った人事委員会データの上下5％の異常値をはじいた件や、出張費・公用車の使い方・知事・市長交際費の見直しなど、本当に地味で細かなことを積み重ねてきた結果だと思う。地味で細かなことを膨大に積み重ねることで、やっとほんの少しだけその人のイメージが醸成される。

僕は政治家になる前テレビで仕事をしてきて、いろいろなタレントさんを間近で見てきた。タレントのイメージというのは、そうそう簡単にできるものではない。誰も見ていないところでの心がけや努力が大事だし、本当に小さい所作などを積み上げて、その人のイメージというものができていく。そしてちょっと努力しました、頑張りましたというのは、あくまでも自己満足であって、世間には伝わらない。そこまでやるか！　と思われるくらいの努力をやって、ほんのちょっと世間にそれが伝わる。

今の野党は、どんな地味で細かな取り組み、努力をやっているのか。普段の行動から、自民党との違いを徹底して示すべきだ。

◆

たとえば日本維新の会は「税金の無駄使いを許さない」改革政党ということを打ち出したいようだが、そのためには地味で細かいことを、ここまでやるか！　というぐらい積み重ねないとダメ。「企業・団体献金の禁止」「文書通信交通滞在費は領収書添付」を打ち出しているが、徹底さに欠けているので、有権者に見透かされてしまっている。企業団体献金の禁止と言いながら、政治資金パーティーでは企業団体にパーティー券を買ってもらっている。文書通信交通滞在費は領収書添付と言いながら、月に残った剰余金は自分の政治団体に移している。領収書の添付だけじゃなく「余ったお金の返還」までやらなきゃいけない。文書通信交通滞在費はもともと税金なんだから。

新幹線や飛行機の移動だって、維新と一目で分かるカバンを持ったりジャンパーを着たりして普通車に乗ればアピールになるんだよ（笑）。永田町の流儀にどっぷりと浸《つ》かってしまって、政治家同士の会食に励んで政治家気分に浸《ひた》っていないか。自民党の国会議員と同じような行動をとっていないか。僕が大阪から感じるのは、日本維新の会の国会議員も、普通の国会議員と何ら変わらないというイメージ。僕がそう感じるんだから、世間もそう感じているはずだ。

野党の議員が自民党の議員と同じような雰囲気を醸《かも》し出してどうする？　何ごとも、ここまでやるかと思われるくらいに地味に細かく徹底的に努力をして、やっと世間には「ちょっと頑張ってるな」と伝わる程度だ。

「1」伝えるには「1万」の発信が必要

野党が有権者の支持を広げていこうと思ったなら、とにかく必死になって自分たちの考える日本の新しい道や自民党と異なる地味で細かなことを徹底して、自然と有権者に伝わるのを待つだけでなく、積極的に有権者に向けて発信する必要もある。

維新の議員には「こちらの意図が有権者になかなか伝わらない」「メディアが取り上げてくれない」とぼやく人が多い。しかしそれは伝える努力が足りないからに過ぎない。メディアに向けて、一言発するだけで、有権者にドバーッと伝わるなんてあり得ない。1万ほどの言葉を連ねて発して、ようやくそのうちの1つくらいが届く、というのが僕の感覚だ。

僕は知事・市長時代、とにかく記者会見、街頭演説をたくさんこなしてきた。ほぼ毎日、朝の登庁時と夕方の退庁時に立ったままの記者会見を開いていた。週に一度は通常の記者会見。原則、記者からの質問が尽きるまで質問には答えていた。そこで1時間、2時間しゃべっても、全国紙の新聞社やテレビ局の準キー局がある大阪においてさえ、取り上げられないことが普通で、取り上げられたとしても数行、10秒ということがしょっちゅうだった。

逆に言えばそれが当たり前で、記者にちょこっと説明したからといって新聞で大きく扱ってくれたり、テレビで5分間も流してくれることなどありえない。

「橋下さんは発信力があるけど、我々には発信力がないから」と維新の議員に言われることもよくあった。それは違う。発信力など大差ない。というよりも、そもそも「発信力」なるものは存在しない。なぜメディアに取り上げられることが僕の方が多いかと言えば、それは僕の方が維新の議員よりも1万倍ぐらい多くしゃべっているからだ。

野党が、政権の問題点や、自民党と自らとの違い、国民や国にとって有益と信じる政策を有権者に伝えたいなら、とにかくしつこく、毎日のように、これでもか！　というくらいメディアに向けて発信をし続け、1万、2万の言葉を紡いでいく必要がある。それくらいやって、ようやく1ほどが伝わる。

「死に物狂い」でチャレンジする姿勢

フランスの若き大統領、エマニュエル・マクロン氏。2000年代に投資銀行に勤めた経験を活かし、フランスの旧態依然とした労働規制法の改正、法人税の減税、富裕税の廃止、社会保障費の負担増などの経済財政改革や、欧州最大のスタートアップのインキュベーション施設「ステーションF」を立ち上げるなど、フランス経済を強くするための改革・政策を推進している。

マクロン大統領の政治の世界でのキャリアは数年ほどで、大統領を務めるには経験不足であるという指摘があった。しかしふたを開けてみれば、そうした批判的な声よりも、彼を応援する声のほうが多くなっているように感じる。もちろん改革を断行すれば反対の声も湧きおこり、当初の高い支持率は下がってきているが、これはある意味仕方がない。

アメリカ大統領以外の動向についてほとんど興味がないように思える日本のメディアですら、マクロン大統領がいかに精力的に活動しているかを取り上げている。

実際にマクロン大統領は、1日3時間の睡眠しかとらずに走り続けているという。同じく若くして大統領の座につき、1日3時間しか寝なかったとされるナポレオンの再来などと評されている。

身体にまだ無理がきく40歳という年齢もあるにせよ、必死になって国のために奔走するその姿が、国民に届かぬはずがない。小難しい政策の中身や価値観・政治信条といった政治玄人好みの話をしたり、外交力をアピールしたりするよりも、命を削って「死に物狂い」で国を変えようとする姿を見せるほうが、間違いなく有権者の心を動かす。

安倍首相も、森友・加計学園問題をはじめとする国民が納得できない問題を多く抱えつつも支持率が踏みとどまって安定しているのは、野党の弱さ・頼りなさに加えて、「死に物狂い」の姿を有権者に見せているから。賛否が激しく分かれ、野党とメディアが反対論を大合唱するような法案を次々と通し、信じられぬほど多量の外交スケジュールをこなしている。

12年の第2次安倍内閣発足後5年半で訪問した国・地域はのべ144。民主党政権時代の3年間（鳩山、菅、野田内閣）は35で、これは特に少ないわけでもないから、安倍首相の訪問国・地域は際立って多い。国会会期中に休日を返上して、弾丸日程で外交するケースも目立つ。2017年は森友学園問題で籠池泰典理事長が証人喚問される直前の3月19日から22日までドイツ、フランス、ベルギー、イタリアと4か国。18年は5月24日から27日までロシアを訪問した。

森友・加計問題からの「国外逃亡」と報じるメディアもあったが、外交日程がそんな都合よく決まるわけがない。素人目にも、これがどれほどの過密スケジュールか想像に難くないだろう。

こうした熱量や、何かを変えようというチャレンジの姿勢というのは、必ず有権者に届くものだ。逆に言えば、舌先三寸で支持を取りつけられるほど、今の有権者は愚かではない。

ただ野党には、権力・行政権がない。ゆえに法律を制定できないし、政策も外交も実行できない。そうであれば、国会論戦では政府与党の問題点の追及に加えて、自分たちの考える日本の新しい道が有権者に伝わるような論戦のやり方を徹底する。政府与党の案に反対するばかりではなく、しっかりとしつこく対案を出していくことだ。

そして野党の熱量が有権者に伝わるのは、むしろ国会以外の場だ。議員報酬の一部を、被災地に寄付する。政党交付金の使い方について細かな徹底したルールを設け、「超ケチ臭い」使い方にする。企業団体献金は法律ができる前に即座に党として禁止し、政治資金パーティー券も企業団体には売らない。国会議員は自分の選挙区だけでなく、全国を駆け回ってビラ配りや街頭演説を繰り返す。安倍首相の外国訪問に比べれば、全国遊説など楽チンなものだ。

党内では時間たっぷりの激しいフルオープンの政策論議を毎日繰り返し、記者会見も記者がもう止めてくれ、というまでやる。記者会見というよりも記者を加えた政策論議をやればいい。野党がやるべきことは山ほどある。こういうことを野党の議員全員がさぼらずに、毎日毎日繰り返し繰り返しやって、やっと少しだけ野党の考えていることや意気込みが有権者に伝わるのだ。永田町界隈で、政治家気取りで酒を飲んで飯を食っている場合ではない！

それに加えて、地方の首長を獲って権力・行政権を駆使し、地方から実績を積み上げていくことが大事だ。それは次章で説明する。

有権者に「ストーリー」を届ける

僕が有権者にメッセージを届けようとする際、もっとも重視していたのは、ストーリーを作ることだった。

やや抽象的な表現になるが、政治家のメッセージというのは、有権者の頭の部分ではなくハートにぶつけていかねばならず、そのためにはハートを揺さぶるストーリーが必要になる、というのが僕の持論だ。簡単に言えば、役人的な説明ではダメだ、ということ。

こうした言い方をするとまたもや、ポピュリズムではないか、と批判を受けるだろうが、前述の通り、成熟した民主国家においては、ポピュリズムは決して悪ではないと僕は考えている。嘘や偽りのメッセージで国民を騙そうとするのは悪いポピュリズムだが、日本をよりよく変えたいと本心から思い、それを有権者に伝えるためにあらゆる工夫を凝らすのは、正しいポピュリズムだと思う。

このストーリーは、単に自分の考えを伝えるだけでなく、自分の行動を理解してもらうためにも必要になってくる。相手のハートを揺さぶるには、とにかくストーリーだ。

僕が政治家時代どんな日本を作りたいと思っていたか、どんな社会を思い描いていたかは、第6章でストーリーとしてじっくり述べたい。

僕は政治闘争においても、常にストーリーを描いて進めてきた。

2015年5月17日、大阪都構想の住民投票で負けた僕は、「大阪市長としての任期満了をもって政治家を引退する」と宣言したけれど、だからといって「大阪や日本を変えるには、統治機構の改革が必要だ」という考えは変わらなかった。

ただ、僕自身は住民投票の敗北で、政治家としては死んだ身。ゆえに次のリーダーに託すしかない。ここは一有権者として政治に期待するのと同じ感覚だ。ではどうやって次の政治リーダーにつないでいくか。その年の11月には大阪府知事、大阪市長のダブル選挙がある。ここが次のリーダーにつなぐ勝負ポイントとなる。

大阪都構想の反対派は大阪会議（大阪戦略調整会議）で、大阪府と大阪市が話し合えば、全ての問題は解決するので大阪都構想は不要だと主張していたが、こんな会議が機能しないのは目に見えていた。府と市の話し合いの場自体は従来からあったが、両者の見解が激しく対立する問題は、何十年経っても解決しなかった。だからこそ解決するために大阪都構想を提唱したのだ。話し合いで全て解決できるなら、わざわざ大阪都構想など提唱しなかった。

◆

そこでダブル選挙に向けて描いたストーリーがあった。

まずは、とにかくおとなしくする。そして住民投票で勝った反対派のお手並みを拝見する。反対派が大阪会議を活用して大阪の問題をどんどん解決するなら、一有権者として不満はない。しかし大阪会議はうまく行くはずがない。そのときには対決姿勢に転じて大阪会議の問題点をあぶり出し、こき下ろす。やはり大阪都構想が必要だと訴え、そのままダブル選挙に持ち込む――これが大きなストーリーだ。

大阪維新のメンバーたちは血気盛んで、住民投票に負けた直後から、次はダブル選挙で勝負だ！　と息巻いていたけど、まずはおとなしくすることが大事だった。負けた直後に声を上げていては、民意はついてこない。負けたのに何を言ってる？　民意を無視するのかと言われるのが落ちだ。それにダブル選挙までまだ6か月もあり、このまま普通にやっていては維新のメンバーのモチベーションも持たないし、有権者の関心も高まらない。だからストーリーが必要だった。

こちらがおとなしくしていたこともあって、相手も油断したのだろう。反対派は大阪都構想の住民投票に勝ったことに満足してしまい、大阪会議を活用した大阪の問題の解決、改革に全く力を入れない。そのタイミングを見て、反転攻勢に出た。大阪会議の問題点を徹底的にあぶり出し、「大阪会議は機能しなくなった。大阪会議はポンコツ会議だ」とこき下ろした。だからやっぱり大阪都構想が必要じゃないか、と訴えた。

ちょうどその頃、国政政党・維新の党も、東京組と大阪組で決定的に揉め始めた頃で、大阪組だけで国政政党を作ろうと決意し、東京組と激烈に対決した。そして「東京に負けるわけにはいかない。そのためにも大阪維新という政治力が必要だ！」と訴えた。大阪会議がポンコツだから、東京に負けるわけにはいかないから、だから大阪維新の会の大阪都構想。この流れを作って、ダブル選挙に突入した。

選挙の結果は、大阪都構想の再チャレンジを訴え続けた大阪維新の会の候補者が圧勝した。大阪府知事は松井さんが継続。大阪市長は吉村洋文さんが当選した。

彼らは大阪都構想の住民投票の再チャレンジに向けて、いま頑張っている。ところが有権者の関心は高くない。というのも、松井さんと吉村さんがタッグを組んで、大阪の問題をどんどん解決してしまっているから。さらに松井さんと吉村さんのリーダーシップによって、大阪府と大阪市が実質的に一体となって、様々な政策を実行し、実際に成果を出してしまっている。府と市がいがみ合って、これまで一向に進まなかった大規模インフラ整備がどんどん進み始めたし、政策がうまく機能して、外国人観光客の増加率は16年度、17年度と全国1位。それに連動するかのように、ホテルの稼働率、百貨店の売り上げ増加率、商業地の価格上昇率が全国的にも高水準となり、ホテルの建設ラッシュが止まらない。これまで閑古《かんこ》鳥《どり》が鳴いていた商店街や市場が観光客で溢れかえっている。

2019年6月にはG20が開催されることが決定し、その地での大阪万博の誘致、カジノを含む統合型リゾートの誘致が佳境に入った。リニア中央新幹線が大阪まで延伸する時期も2037年と8年前倒しになった。有権者からすると、「もうこのままの大阪府と大阪市でもいいやんか。なんで大げさに大阪都構想なんてする必要があるの?」という感覚だろう。

しかし今は、松井さんと吉村さんの人間関係と能力で、何とか府と市がいがみ合わないようにしているだけ。ちょっと油断すれば、府と市は決裂状態になってしまう。だから未来永劫、府と市がいがみ合わないように、恒久的な制度として府と市を一つの組織にするのが大阪都構想。やはり大阪都構想は大阪にとって必要だ。

有権者の関心を高め、大阪都構想に賛成してもらうためにはどうすべきか。まさにストーリーを有権者に届けなければならない。

ツイッターでは「正しい炎上」を目指す

野党が支持されるためには、とにもかくにも有権者にメッセージを発信することが欠かせない。民進党から希望の党、そしてその後の野党ドタバタ劇によって、有権者は今、野党としてどんな政党があるのかも分かっていない人も多いだろう。

野党にとって今一番重要なことは、有権者への発信だ。

かつては、数多くの有権者にメッセージを届けるためには、新聞やテレビなどの大手マスメディアを活用するしかなかった。逆から言えば、大手メディアにとってメッセージ・情報の発信を独占できるというのは最大の既得権益になっていた。

民主主義には、権力の監視者としてメディアの存在が欠かせないが、その役割をまっとうするには、必要な情報を正確に国民に届けるメディアであらねばならない。ただ、僕はテレビなどでも仕事をしてきた中で、現代の大手メディアがその役割を果たせているのか、ずっと疑問に感じていた。

そんな中、インターネットの普及によりメッセージ・情報の発信の機会が個人にも提供された。

そこで始めたのが、ツイッターだった。僕は当初ツイッターに興味がなかったが、大阪維新の会の議員の勧めで、メディアに反論、文句を言うツールとして使ってみることにした。

最初は正直、めんどうだったし、それだけの武器になるとは思ってはいなかった。100人でも、200人でも見てくれる人がいればいいかという程度に軽く考えていた。しかし使っていくにつれ、ツイッターのメリットがわかってきた。メディアを通じてのメッセージは、ほぼ編集されてしまうものだが、メディアによる編集抜きにダイレクトにメッセージを発信できるのは本当にありがたい。また、メディアの報じ方がおかしかったり、誤解を招くような切り取り方をされたりしても、すぐにツイッターで指摘できる。

幸いにもフォロワーが増え、政治家時代にも100万人を超える数になっていた。そしてフォロワーの数だけでなく、リツイートによって拡散される威力も大きい。

政治家にとって、大手メディアを通じることなく個人としてメッセージ・情報を発信する手段を持つというのは、非常に大切だ。

ただ、このフォロワー数というのも、黙って増えていくのは超有名タレントだけだ。僕も含め政治家では、トランプ大統領クラスにならない限り、普通にやっていてはフォロワー数は増えない。

フォロワー数を増やすにはどうすべきか？　炎上させるしかない。ただここは難しい。炎上が悪い方に行ってしまうことも多いからだ。

炎上させることで注目を受け、面白そうだなと思わせてフォロワーになってもらう。言うのは簡単だがやるのは難しい。

まず、賛否両論が激しい炎上でなければならない。批判が圧倒的に多い炎上は失敗だ。一見、激しい批判を受けるような意見だが、しかし、よく考えてみると賛同できる意見。世の中の人がなかなか言えないけれど、誰かが言ってくれれば賛同できる意見。常にニュースなどに目を凝らし、誰かが言う前に言わなければならない。この炎上戦術は失敗したらダメージは大きいが、しかしこれをやらないとフォロワー数は劇的には増えない。

炎上で仮に激しい批判を受けることになっても、一般の人を攻撃しなければいずれ収束する。税金で飯を食い、権力というものを持ち得る政治家は、一般の人を絶対に攻撃してはいけない。また誰であってもロジカルに激しく論戦するのはいいが、汚い言葉を使ったり人格攻撃をしたりなどは絶対にやってはいけない。

僕もツイッターでは相手を激しく罵《ののし》ることはあるが、それは相手が政治家などの公人やメディア、そしてメディアに出演して影響力が大きい言論人に限ってだし、それも僕に対して先に人格攻撃などをやってきた場合だけだ。激しく反撃するが、自分から先制攻撃をすることはない。

そしてそのような相手と激しく激論することで、またフォロワー数が増える。いつの時代、どの地域でも、世間はケンカというものが好きだ。だからメディアも対立構造をこぞって取り上げる。ゆえに僕は、わざと対立構造に持ち込むことも多かった。

そのことを捉えて、メディアや自称インテリたちは「敵を作り出すのが橋下の手法」と批判する。それなら、対立構造でないものもきちんと報じてくれと言いたい。

国政ならいざしらず、地方政治などまずメディアは取り上げない。前述したように取り上げられるために工夫を凝らすのは、正しいポピュリズムだ。取り上げられて目立つこと自体を目的とするのではなく、世間の関心を引き、その力でもって改革を進めるのが目的の場合、それは正しいポピュリズム。大阪府政や市政に常に関心を持って注視していかなければならないとあれだけ言っていたメディアは、対立構造がなくなり視聴率が稼げなくなれば、もう取り上げなくなる。これが現実だ。

以上、フォロワーを増やす「正しい炎上のやり方」について書いた。しかし政治家のツイッターを見ると、発信の仕方がつまらないツイッターにはやはりフォロワーが増えない。下手な人が多い。どうでもいいことをつぶやいたり、独りよがりで酔いしれていたり。世間がどう感じるかということを想像する力が足りない。その想像力に欠けている者は、そもそも政治家不適格だ。

野党や野党政治家は発信するツールが限られている。ツイッターをフル活用するためにも、臆せず「正しい炎上」を試みるべきだ。

第4章　「風」は地方から起こす

大阪都構想が日本を変える

２０１２年、僕が国政政党である日本維新の会を作ったのは、大阪都構想を実現するためだった。当時から、日本の政治には強い野党が必要だと思ってはいたが、まずは大阪の改革を進めることを第一として、立ち上げたというのが本音だ。

なぜ、地方の改革に国政政党が必要なのか。

大阪都構想を進めていくには、法改正が不可欠であり、そのためには立法権を持っている既存の国政政党への働きかけや、現行の法体系や制度との整合性をはかるために中央省庁と折衝を行わねばならなかった。しかし、知事をやってみてよくわかったのが、地方の首長など国から見れば何の力もない存在であり、地方から国を動かすということは不可能なのが現実ということだ。

地方の政治家や、威勢のいいインテリたちは「地方から国を動かす！」なんて息巻いているが、今の中央集権体制の日本の政治行政の仕組み・統治機構では、それはほぼ不可能。そうであれば、永田町や霞が関に対し一定の影響力を持つには、大阪における地域政党から脱皮して、国政政党として政治的な力を持たなければいけない。これが僕の結論だった。

この点、大前研一氏などは、「橋下は国政政党なんかを作って失敗した。大阪の改革だけに集中すべきだった」と批判してきたが、所詮《しょせん》コンサル。政策や改革を実行する「やり方」を知らない。

大阪都構想において最終的に目指したのは、東京と大阪という二つの「都」を、日本を引っ張っていく2つのエンジンにするということだ。

「21世紀は都市間競争の時代」と言われ、国家間競争以上に都市間競争が激しくなる。その背景には、インターネットなどの技術革新や国境のボーダレス化などによって、何事もスピードが重視されるようになってきたことがある。政治行政の決定や実行がもたもたしていたら、あっという間にヒト・モノ・カネ・情報は逃げていく。スピード感ある決定や実行をやろうと思えば、国家の単位では巨大すぎ、都市という単位で行う必要がある。国家という単位よりも、都市の単位の方が優位性・魅力を打ち出しやすい。都市がエンジンとなり、地方を支え、国を引っ張っていく。これが全世界的な潮流だ。

こうした時代に、日本が東京圏だけで世界と戦うのは厳しい。だから大阪を強力な一つの都市としてまとめ上げ、東京と並び立つ成長エンジンに作り直し、この2つのエンジンで日本を推進していこうというのが、大阪都構想だ。

具体的には、大阪府庁と大阪市役所を解体し、新たに大阪都庁という政治行政の仕組み・システムを立ち上げる。そして大阪市にある24区は、基礎自治体として最も効果的な行政サービスを展開できるとされる中核市なみの権限と財源を持つ特別自治区に再編。都は大阪全体の成長戦略を描き、景気対策、雇用対策、インフラ整備などの広域行政を担い、特別自治区は基礎自治体として、医療、教育、福祉など住民生活に密接したサービスを受け持つ。このようにして、府と市が好き勝手にやっていた政治行政について、一つの強力な大阪という都市の単位にまとめ上げ、大阪圏の活力と競争力を高める——これが僕の描いた大阪都構想だった。

そしてこの大阪都構想は、明治維新以来150年間続いている日本の中央集権体制を変革する第一歩になる。今の日本の政治行政の仕組みは、中央の政治行政が、地方の隅々まで仕切っている状態だ。決定権もお金も、ほとんど中央が握っている。裏を返せば、中央の政治行政が地方の政治行政の隅々にまで責任を負わなければならない。超少子高齢化を迎えますます多様化していく日本社会において、中央の政治行政が、日本国中のありとあらゆる政治行政課題に対応するなんてことは不可能だ。

道州制こそ日本再生に最重要

森友学園問題だって、もともとは行政が所管する土地を大阪の一学校法人に払い下げる過程における問題。あの土地を大阪の地方行政が所管していたなら、大阪の地方議会で問題にすることであって、国会で1年以上にわたってすったもんだする必要はなかった。トランプ大統領やプーチン大統領が、待機児童の解消を、自らの政治課題の柱に据えることなど考えられない。待機児童の解消などは、地方の政治行政の責任だ。

しかし日本の場合には中央の厚生労働省が仕切っており、厚生労働大臣が、首相が主要な政治行政課題と位置付けざるを得ず、国会でも論戦の柱になってしまっている。

冷戦が集結し、世界各国がそれぞれ力をつけて、国際政治の場でしのぎを削っている。資源のない島国日本こそ、国際政治の場で外交・安全保障・貿易政策に力を入れなければならない。この仕事こそが中央の政治行政の仕事だ。そして通貨政策などのマクロ経済政策や、大規模災害が生じた場合の復旧・復興、さらには大規模な災害対策なども中央の政治行政の仕事だ。中央すなわち国がこれらの仕事に集中するためには、それ以外の医療・教育・福祉などの仕事は、地方の政治行政に委ねなければならない。

ところが、今の都道府県・市町村体制では、そのような仕事について全面的に責任を負うだけの組織的体力がない。そこで、明治以来続いている47都道府県制を抜本的に見直し、医療・福祉・教育などの行政サービスや地域の経済振興などについては全て責任が負えるように、9から11ほどの道州に再編。道州の中の都市については、できる限り強力なエンジンになるように一つにまとめ上げる。これが松下電器創業者の松下幸之助氏も50年前から提唱していた道州制だ。

ところが、このような政治行政の仕組み・システムの変革、すなわち権力・統治機構の体制変革は、学者などのインテリ層が何十年前から提唱しているにかかわらず一向に進まない。国会議員などの政治家にも道州制を口にする者は多く、2012年に勢いのあった日本維新の会が道州制を公約に掲げたときには、自民党・公明党・民主党など全ての政党が公約に道州制を掲げた。しかし、選挙が終われば政権与党の自民党、公明党は知らん顔だ。なぜ政治家、特に自民党が道州制などの体制変革をやりたがらないのか。それは体制変革をやろうと思えば、現体制を望むおびただしい数の有権者から強烈な反対の狼煙《のろし》を上げられるからだということはさきほど述べた通り。

だからこそ、僕は体制変革に挑戦した。大阪の体制変革を第一歩として、日本の体制変革である道州制につながればいい。口だけで道州制を叫んでも仕方がない。政治家の使命は行動だ。道州制も結局のところは、中央省庁や都道府県庁、市町村役場の解体・再編。それなら、まずは大阪の地において、巨大な府庁と市役所を解体・再編し、体制変革の実際を有権者に示し、その効果を実体験してもらう。一般の有権者が抽象的に道州制の話を聞いても、簡単には理解できない。だから実体験が必要だ。それが「良い」と感じてもらえれば、道州制への動きが有権者に広がるのではないか。

前述の大前さんも30年ほど前から道州制を叫んでいるようだが、政治行政的に行動に踏み出さなければ、このような体制変革は不可能だ。そのときに凄まじい反対の嵐に晒《さら》されることは——僕の政治家人生の様子を見てもらえればお分かりの通りだ。

今でも僕は、大阪都構想は大阪を変えるだけでなく、道州制に踏み出し日本を変える起爆剤だと信じている。東京ももともとは東京府と東京市だった。それが1943年に東京都として一つになるまで、問題提起されてから実に48年かかった。大阪都構想は、僕が具体的に問題提起してからまだ10年にも満たない。

松井さんや吉村さんは住民投票に再チャレンジする意気込みだけれど、体制変革は30年、50年のスパンで考えなければならない政治課題だ。

道ははるか遠くとも、これからの日本のためには道州制という体制変更が必要だ。国の累積財政赤字が1千兆円をはるかに超えるまで悪化したのも、国と地方の仕事の役割分担が明確でないことが最大の原因だ。現在のように、細かな住民サービスまで国が丸抱えのやり方では地方の実情に合わない無駄が生まれるし、地方も責任を持ってコストカットや改革をしない。体制変更による財政状況の是正は待ったなしだ。江戸幕藩体制から明治政府への抜本的な体制変革も、鳥羽・伏見の戦いというローカルな戦争から始まった。これから平成の次の新しい時代が始まる。新時代における日本の体制変更＝道州制も、大阪という地方から始まると確信している。

地方議員が政権交代の鍵

60年以上続く歴史と伝統と組織力のある自民党に、本当に対抗しうる野党は並大抵のことでは作れないとこれまで述べてきた。

自民党の力を根底で支えているのは、固定の支持層。野党に「追い風」が吹いたときには選挙で負けるものの、安定して一定の票を獲得している。その安定した支持層を固める中心的な担い手こそが、地方議員だ。

どの党に限らず、国会議員は地方議員を下に見て、軽視しがちだが、実は地方議員こそが、支持基盤をしっかり固め、政党の足腰を強くする要石《かなめいし》だ。もちろん地方議員が増えることだけで必ず政権を取れるわけではない。しかし政権獲得のための必要条件であることは間違いない。

面白いことに、自民党の同じ選挙区内の国会議員と地方議員は、本当に仲が悪い。いつも顔を合わさないところでボロクソに悪口を言い合っている。同じ選挙区内の仲間を本気で当選させてやろうという気がない。そもそも仲間だとも思っていない気がする。それでも顔を合わせると大人の付き合いをする。これがザ・自民党。僕にはとてもとてもできないね。

自民党の議員は、自分が当選するために必死で活動する。国政選挙のときも、地方議員は次の自分の選挙のときのことを考えて、自分の顔を売るために国会議員の選挙運動を利用する。だってこの活動費は、基本的には国会議員持ちだからね。でも、自分の選挙のために活動している地方議員の活動が、やっぱり国会議員を当選させる土台になる。この自民党の仕組み・システムは面白いほどうまくできている。個々人が自分の利益をはかるために必死になることで、全体が良くなる――資本主義の鑑みたいだ。

そしていざ国政選挙になると、地方議員が地ならしした票を国会議員がきちっと吸収しているし、結局は、地方議員が日常から自分のために行っている活動が、党として大きな財産になっている。国政選挙の選挙運動自体も、国会議員の後援会メンバーだけでなく、この地方議員が一応動く。いやいやながら、形だけという感じもするけど、それでもポスター貼りや街頭演説やミニ集会の設定くらいはやる。だから、自民党は組合組織のような特定団体に選挙運動を依存することはない。

地方議会議員選挙は、原則として一つの自治体が一つの選挙区となっており、同じ党の議員同士で争わなければならない。国政選挙で言うところの中選挙区制と同じ状況。党の看板だけでは当選できないため、地方議員は地道に自分の支援者の輪を広げなければいけない。だから、自民党の地方議員は、各種地域団体の活動に参加したり、ゴルフコンペ、旅行会、忘年会などの後援会活動、地域住民からのあらゆる相談事に対応するよろず相談的な活動まで、本当にきめ細やかに活動しており、それが自民党そのものに対する支持へとつながっている。

そして国会議員自身も、地方議員と張り合うように自分で支持者を切り開く活動をすることに追い込まれる。ただでさえ地方議員は国会議員をバカにしているのに、選挙区内で地方議員よりも多くの支持者を獲得できなければ、国会議員として立場がなくなる。これが自民党のいい意味での厳しさだ。

国民民主党の前原誠司さんも言っていたが、自分の選挙区を小学校区単位で細かく分けて、全ての小学校区に、たとえ5人でもいいから支援者を必ず作ることが大事だという。たとえ数人であったとしても、選挙になればその人たちが動いてくれて支持が広がっていく。とくに自民党の国会議員は長年の活動の結果、その地域の「親分」とも呼べるような立場になり、あらゆることに顔が利く存在となって、それを頼って支持者がまた増えていくという好循環になる人も多い。

大阪府知事の松井さんは、もともと自民党育ちだが「たとえ刑務所に入ることになっても自分を支持してくれる有権者が、地元の八尾には5000人はいる」と話してくれた。そう言えば田中角栄元首相だって逮捕されようが裁判で有罪判決を受けようが、選挙にはずっとトップ当選していた。

このようなザ・自民党に対抗できるような野党を作ろうと思えば、地方議員を増やして政党の足腰を強めるしかない。しかし、現在の野党は、地方議員の数で自民党に圧倒的に負けている。そうであれば、野党一人一人の地方議員が自民党の地方議員よりも活動量を増やすか、ＩＴを駆使した、それこそ生産性を向上させた政治活動を展開するしかない。しかし、野党の地方議員は、自民党の地方議員と同じような活動しかしておらず、政治活動の質と量で上回っているとはとても言えない。

◆

さらに野党は、このような党の足腰の強さと、「風が吹いて」選挙に勝つことを混同しているようにも思える。

２０１２年の総選挙で54議席を取った日本維新の会の躍進は、国民の支持を失った民主党がやぶれかぶれで解散に突入し、自民党への不信感も色濃く残っている背景から、既存の政党とは異なる第三極の日本維新の会に、いわば「突風」の追い風が吹いたことで生まれた。民主党が09年に政権交代を果たしたのも、自民党政権が極限まで国民の支持を失い、メディアも含めて国民全体が政権交代を志向したことで突風が吹いた。こうした突風というのは、政権を吹き飛ばすほどの威力を持つが、ゼロに戻るのもまた早い。

ところが野党は、特に突風で勢力を拡大した成功体験のある民主党出身者の一部や日本維新の会は、いまだに風だのみで政権奪取を狙っている感じがする。

野党こそ地方議員を増やし、地方議員の活動の密度を濃くし、それに切磋琢磨するような形で国会議員の政治活動の密度も濃くし、党の足腰を強くしなければならない。野党議員で現在もしっかり生き残っている政治家たちは、党の力だけに頼らず自分で支持層を確保する力に長けているし、その努力を怠らない。

無所属の会の代表を務める岡田克也さんは、自分の選挙区を何百にも区分けして、細かく後援会組織を設けているという。言葉にすると簡単だが、数百もの後援会組織としっかり付き合っていくというのは、相当の努力と人徳がなければできない離れ業だろう。野田佳彦さんも旧民進党系地方議員らを集めて政治団体「千葉民主連合」を作った。国民民主党の前原さんも、現在は無所属の細野豪志さんも、同様に地道な活動を続けてきている。ベテラン議員もそこまでやっているのだから、当選回数の少ない野党議員こそそれ以上に支持基盤を固めるための汗をかかなければならない。

見えない票を信じて、自ら動く

この点、僕が国会議員に発したメッセージは失敗だった。日本維新の会が立ち上がった当初、「盆踊りや葬式回りに明け暮れる活動は意味がない」と発言した。それを聞いた政治経験の少ない維新の国会議員の中には、地元活動そのものを軽視した者が多数いたという。そういう議員は風の吹かない選挙で見事に落選していった。「形式的・儀礼的な盆踊りや葬式回りは意味がない。住民集会やタウンミーティングなどあらゆる形で有権者としっかりコミュニケーションをとらなければならない」と言うべきだった。

もちろん、こうした地道な地元活動で築き上げる人間関係というのは、一種の貸し借りの積み重ねだから、強力な支持者たちが反対する政策を採りにくくなる側面がある。選挙に強くなればなるほど、地元支援者の声に左右されるリスクがある。

その集大成が、業界団体とがっちりタッグを組んだ自民党だ。

野党が自民党と同じになってしまっては、無党派層からの支持は集まらない。しかし、僕の経験からは、業界団体などに属していない一般の有権者が、特定の政策について強力に反対してきたという経験はない。野党が支持獲得を目指すべき一般の有権者は、そもそも政治行政から補助金などの利益を受けている人たちではない。

彼らは本当に地域を変えたい、日本を良くしたい、次世代のために貢献したいという人が多く、自分たちの利害を追求する気持ちが弱かったからこそ、特定団体に所属することはなかった人たちであろう。たとえ利害にかかわる政治課題であったとしても、地域の利益、国の利益、次世代の利益をもとに説明すれば分かってくれる人たちだと思う。

地元での政治活動を地道にこなしながら固い支持層を作り上げていく。しかし自民党と異なり、業界団体などに属していない一般有権者が中心だ。家族を支えるため日々長時間労働に耐えていたり、子どもの教育費をどうすればいいか悩んでいたりするお父さん、お母さん——「団体」ではないから、政治家が自分で動かなければこうした有権者の声はつかめない。思い起こさなければならない。「見えない票」を信じなければ、野党をやっている資格などないということを。

地方の首長を獲り「変える」力を見せる

僕が地域政党としての大阪維新の会を作ってから、もう8年になる。大阪では既存政党と選挙でやり合いながら、今でも一強と言われる自民党と真っ向から対峙している。大阪府議会でも市議会でも、直近の選挙で自民党をはるかに上回る当選者数を出している。ほかに枚方や門真、岸和田、柏原の4つの市長と1つの町長も維新が押さえている。国政では、衆議院議員選挙の小選挙区こそ最近自民党に押され気味だが、比例票は自民党と互角であり、比例復活した議員を合わせて、そこそこの議員集団を構成している。参議院議員選挙では自民党1議席のところ、維新は2議席を確保している。

大阪維新の会は、組織もお金もないところからスタートした。全国的な地域政党ブームも起きたが、今も地域政党として自民党と対峙できているのは大阪維新の会だけだ。なぜそれができているのか。それはやっぱり大阪府知事と大阪市長という大きな行政権を大阪維新の会が押さえ、その行政権を駆使して政策を実行しているからだろう。

国政においては自民党と公明党が政権与党だが、大阪の政治においては維新が政権与党。行政権を持ち、政策の実行力を示せることの意味はとてつもなく大きい。有権者には維新の力を実際に感じてもらえる。維新に政治を委ねたらこうなるということを実体験してもらえる。

野党がどれだけ口で偉そうなことや理想論を語っても、有権者は騙されない。自分たちが行政権を取ればどうなるか。それを有権者に最も有効に伝える方法は、国会でのテレビ中継や街頭演説、ビラ配りではなく、都道府県知事と市町村長——「首長」を獲って「権力を握る」ことだ。いまは国政で政権を取れないのであれば、地方で政権を取る。

さきほども触れたが、2012年の衆議院議員総選挙で日本維新の会が躍進したのも、すでに大阪府と市で大阪維新の会が行政権を持って政策を実行し、膨大な改革実績を上げていたからこそだ。徹底的な補助金の見直し、ハコモノ見直し、天下り改革、府庁・市役所改革、公務員制度改革、教育改革、国と地方の関係の見直し、現役世代重視政策、民営化政策、二重行政の解消、止まっていたインフラ整備や大型開発の推進――あの最初の選挙のときには、大阪でしかできていないこと、大阪維新の会の実行力をとにかく最大限にアピールした。

このときの日本維新の会は、自民党や民主党、みんなの党から集まった数人の国会議員の集団にすぎなかった。彼ら彼女らは選挙で強くないし、ましてや日本国中に有権者の支持を広げる力もない。だからこそ新党である日本維新の会に集まってきた（というより逃げてきた）。組織も金も実績もないので、発足時の日本維新の会には政党としての力は何もない。

しかし、政党に力がないときでも、このときのように突風として追い風が吹くことがある。通常は政権与党の信頼感が極端に低くなったとき野党に吹くが、与野党ともダメなら第三の政党に吹く。このときの日本維新の会がまさにそうだった。政権与党だった民主党は支持率低迷でやぶれかぶれ解散、かといって「また自民党政権か」という有権者のうんざり感も拭えていなかった。

最近で言えば、2017年9月に結成された小池百合子東京都知事率いる「希望の党」

もそうだ。小池さんが同年7月の都議会議員選挙時に結成した「都民ファーストの会」の国政政党バージョンで、組織も金も実績も何もないのに、驚異的な追い風が吹き、当時の野党第一党の民進党を解体に追い込んだ。

自分たちが強いから風が吹くのではない。相手が弱まってきたときに風が吹く。そしてこの風を最大限に吹かせるポイントは、「何かやってくれそうだ」という期待を抱かせること。有権者の期待感の醸成である。相手が弱まり、こちらへの期待感が合わさると、とんでもない突風的追い風が吹く。

都政の実績がそれほどなかったにもかかわらず、小池さんへの期待が過大に膨らんだのは、築地市場の豊洲移転やオリンピック施設のあり方に異議を出し、さまざまな批判がある中でも、挑戦して前に進む姿勢を見せたから。築地市場の移転延期判断について僕は反対だったが、一評論家の意見など、世間の突風的追い風が吹くときには何の意味もない。日本維新の会の結成当時に突風が吹いたのも、大阪維新の会の実行力や実績に加えて、改革に邁進する姿、猛批判を受けながらでも、激しい対立を生じてでも社会の壁に挑戦している姿を有権者が見て、過大な期待感を抱いてくれたからだ。

この追い風をポピュリズムだと批判することは簡単だが、野党が強くなるには、風を利用するしたたかさも必要。ワンチャンスの風を徹底的に利用して選挙に勝つ。ただ、それ自体が目的化してはいけない。本当の勝負はそのあとだ。行政権を持った暁《あかつき》には、しっかりと政策を実行し、有権者に党の力を実感してもらう。期待感が期待感のままで終わってはいけない。また、挑戦する姿勢にやりすぎの点があれば是正しなければならない。

「次は私のことについて」変えてくれるという期待感

ひとたび有権者からの強い期待を集めることができると、政策の細かな話は、あまり意味がなくなってくる。

こう言うと、それこそ読売新聞は「ポピュリズムだ！」と批判してくるだろう。彼らは政策の細かな話をすることが仕事だから、それを無意味だと言われると自分たちの存在意義を否定されるのと同じだから。

もちろん政策の細かなチェックは、当然メディアや専門家がきちんとやって、間違っているところ、おかしいところを指摘し、政治に是正を促すことは絶対に必要なこと。また、有権者が知っておくべき範囲はどこまでなのか、選挙の際の判断ポイントはどこなのかについて情報提供することもメディアや専門家の重要な役割だと思う。

しかし、多くの有権者は日々の暮らしにおいて、政党が掲げる政策の細かいところまで吟味しているわけではない。彼ら彼女らはそんなに暇ではない。有権者が政党に期待するポイントは、これまでに述べたように、日本をどのように導いていくのかという大きな方向性と意気込み、挑戦、実行力だ。この「意気込み、挑戦、実行力」が重要だ。

ここは特に野党が勘違いしやすいところで、日本の新しい道を示すだけで有権者の期待を集められると思っている。だから日本維新の会も、政党綱領や「維新八策」という政策集をまとめることに膨大なエネルギーを割き、そこで仕事を終えたような感じになってしまっている。

それは完全に間違い。日本の新しい道を示すことはもちろん大事だが、勝負はそこから。政党としての意気込み、挑戦、実行力を示していかなければ、有権者の期待を集められず、政権などは永久に取れない。逆に有権者は、ある政党に意気込み、挑戦、実行力を感じると、今は大賛成の政策がなくても、少し気に入らない政策があったとしても、支持を継続してくれる。その政党に意気込み、挑戦、実行力があるかぎり、「次は私のことについても、やってくれるんじゃないか」「少々気に食わないが、それ以上に私のことを良くしてくれるんじゃないか」と期待感が高まるからだ。

有権者は現状の社会にいろいろな不平不満を持っている。すべてに満足だなんていう人はいない。子育て、教育、医療、年金、介護、雇用——政治に変えて欲しいと願っていることは誰にもたくさんある。

ところが、有権者のこの願いはかなえられない。国も地方も財政が厳しく、成熟した民主国家であるがゆえに、有権者が政治に望むものも多種多様だからだ。ある政策を打ち出せば、賛成する者、反対する者が必ず出てくる。一人の有権者を見ても、この政策には賛成だけれど、この政策には反対だということが必ず出てくる。

だからこそ、今は政策のすべてに満足しているわけではないが、きっと自分にとって、地域にとって、国にとっていいことをやってくれるはずという期待感を持ってもらうことが重要。その期待感の根源は、党の意気込み、挑戦、実行力なのである。

僕は大阪府知事になって、有権者700万人の要望に全部直ちに応えるのは無理だと認識していた。だから、政策の細かな話よりも、「僕には変える力がありますよ」「実行力はありますよ」ということを有権者に伝えることを重視した。地味で細かな改革実績を膨大に積み上げる。多くの人が、これはとてもじゃないけど変えられないよねと感じていることに果敢に挑戦する。今までの政治がやれなかったことに食らいつく。

そうすると、有権者は、僕が今進めている政策には賛成ではなくても、「次は私のこと、についいて、やってくれるんじゃないか」と期待してくれ、それが大阪維新の会に対する強い支持につながり、大阪で自民党と対峙できる政党になるまでに育った要因だと思う。

逆に一番ダメなのは、意気込み、挑戦、実行力がないと思われること。これだともう何を言っても期待や支持は集まらない。今の野党はこの状態に陥っている。

だから、維新の国会議員で、自分の力で当選したような顔をしているクソ生意気な若造議員には腹が立つ。なぜ維新という看板で、ある程度票が集まるようになったのか。自民党と対峙できるまでになったのか。その若造が国会でちょっと質問をするくらいのことでそれをなし得たわけではない。大阪維新の会が、大阪府と大阪市で膨大な改革と実績を積み重ね、猛批判の嵐の中、莫大なエネルギーを費やして挑戦し続けてきた結果である。これくらいのことも分からない議員がいるようでは、日本維新の会も強い野党になるために必要なことを十分に認識していないのだろう。

「風」は地方から起こせ

地方議員を増やして、党の足腰を強める。

首長を取って行政権を駆使し、有権者に政策実現を実体験してもらう。首長の行政権を通じて党の実行力や挑戦する姿勢を感じてもらい、与党が失墜して風が吹くときに備える。首長や地方議員がしっかりと働き、自分たちに政治をまかせてくれたらこのように地域が変わりますよというところを証明すると、その地域の有権者の意識は確実に変わる。

ゆえに野党を強くするには、地方から党を作っていかなければならない。いきなり国政では政権を取れなくても、まず地方で首長や議席を取っていく。大阪において維新が自民党と対峙できる政党となったのと同じことを、全国的にそれぞれの地方でやっていかなければならない。

ところが今の野党は、国会議員だけで強い野党を作ろうとしている。その発想がもう間違いだ。たかだか100人や200人くらいの国会議員が誰とグループを組んだ、どことグループを組んだ、といったところで有権者の支持は集まらないし、風も吹かない。国会議員のそうしたグループでどんな政策を打ち出そうが、国会でどんな論戦や反対アピールを仕掛けようが、それだけでは支持が強烈に集まらないことを早く悟るべきだ。

政権与党に森友・加計など軽く超える超ド級の不祥事や失敗が発生し、敵失で野党に急に強い追い風が吹くことがあるかもしれない。もちろんそのチャンスを狙うべきであることは前述したが、しかし、そのチャンスを確実に掴み、政権奪取につなげるためにも、地方での党の力を強固にすべきである。

自民党という党は、国会議員だけで成り立っているわけではない。日本国中に地方議員が存在し、自民党公認・推薦の首長が山ほど存在し、彼ら彼女らを支援するネットワークが張り巡らされている。こんな自民党に対峙できる野党を作るのに、国会議員だけでちまちまとグループ作りに勤しんでいては、永久に政権など奪取できない。

自民党が生まれたのが１９５５年で、その前からも一定の基盤があることを考えれば70年以上もの月日をかけて、この自民党ができあがった。それに対抗する野党を作ろうと思えば、いくら気が長い話と言われようと、50年スパンの感覚で地方の首長を獲り、組織力を付けていかなければならないと僕は思っている。

地方の首長選挙では、自民党と相乗り候補ではダメ。対決する候補者を常に出す。ところが野党の国会議員は、地方の首長選挙で勝つことが野党を強くすることにどれだけ重要かが分かっていないので、すぐに自民党と一緒の候補者を応援する。国政で闘いながら、地方で手をつなぐことにどれだけ有権者が白けてしまうか。逆に言えば、地方の選挙で闘う力のない野党に、国政選挙で闘える力があるはずがない。

この点、かつて民主党時代の小沢一郎さんは、知事選挙や大型市長選挙（政令市長選挙）では自民党と対決する方針を打ち出していたが、野党はこの方針の重要さに気付いておらず、今はうやむやになってしまっている。

地方の首長選挙でも自民党は強い。首長選挙では勝ち馬に乗った方が楽だ。首長には絶大な権力がある。地方議員は首長の敵に回れば要望はなかなか実現できず、自分の支援者からソッポを向かれることになる。それをを恐れ、できる限り勝つ候補者に付こうとする。だからつい与野党相乗り候補という最悪の選択肢をとる。

楽を取れば、有権者の支持は取れない。結局、野党は強くならない。野党は、地方の首長選挙でこそ与党と徹底的に闘って、自分たちの首長を誕生させるべきである。そして首長の実行力を有権者に実体験してもらいながら、その地方議会で与党を形成するように議員も誕生させる。野党の国会議員は、まずは自分の選挙区で首長を獲るように必死に政治活動をする。国会議員は自分が当選するための活動はやるが、その程度の活動では首長は取れない。いきなり数百の選挙区で首長を獲ることなどできない。党の力を考えて、最初は数を絞り込みながらスタートする。

自民党と対決しながら首長を獲るというのは大変だ。国会議員は、自分の選挙区以外の選挙区で、しかも自分の選挙区から遠く離れた地で、徹底した政治活動をしなければならなくなる。自分の当選を第一に考える国会議員にそれができるか。

首長選挙で自民党に勝とうと思えば、細かな地域ごとに支援者グループを作り、辻立ち、街頭演説、ミニ集会、ビラ配り、戸別訪問等々を徹底してやらなければならない。野党の国会議員がよくやるような、新橋駅前ＳＬ広場や銀座・数寄屋橋でのちょっとした街頭演説なんかでは、地方の首長は全く獲れない。野党の国会議員が地方の首長を獲ることの重大さを十分に認識し、本気になって自分の選挙区や、自分の選挙区以外で首長を獲る活動をするかどうか。組織として所属国会議員を動かすことができるかどうかが、野党が強くなるかどうかの分岐点だ。

今維新は、大阪全域と兵庫の一部地域では自民党と互角以上に戦える。この維新のような存在が全国の都道府県にできることが、強い野党ができあがる基礎だと思う。さきほど言ったように岡田さんや野田さんをはじめとする地域政党の動きも出てきた。前述したが自民党の歴史も70年以上である。野党も50年は心して、強い野党を作るために、今すぐ地方での活動を開始すべきだ。

間違っちゃいけないのは「今後50年間政権は取れない」という意味ではない。前述のように、政権与党の敵失などで突風は吹くときには吹く。政権は取れるときは取れる。そうではなく、日本にとって本当に意味のある政権奪取をするなら、50年かけるぐらいの長期的構想で、地方から一歩一歩、筋肉質の強い政党を作り上げていくということだ。

◆

野党に風が吹く条件を総括してみよう。

基本的に与党が崩れないと野党に風は吹かない。09年に民主党に政権交代したときは、麻生内閣は支持率2割を切り、党内からも麻生おろしの声が出るありさまだった。12年に安倍首相の自民党に政権が戻ったときは、民主党は国民から見放され、離党者が続出して崩壊状態だった。ゆえに与党が崩れることは必要条件である。

しかし与党が崩れることで必ず野党に風が吹くかと言えばそうではない。そもそも野党にある程度の存在感がなければ、国民は野党へ期待することはなく、野党に風は吹かない。すなわち与党が崩れることは十分条件ではない。

ゆえにここで重要になるのが野党の存在感、すなわち「実際に政権を担える」ことを有権者に実体験してもらうこと。そのためには地方の首長や議会を制して、行政権を駆使して政策を実行し、課題解決や改革に際し立ちはだかる社会の壁に挑む。既得権益の壁に挑戦する。そうして実行力を感じてもらうのと並行して、マーケティングによって有権者のニーズをさぐり、自民党とは異なる選択肢を提供する。これらすべてを総力でやる。これに与党が崩れることが合わされば、野党に風が吹く必要十分条件となるのだ。

第5章　政策より「組織」が大事だ！

あえて言う、政策より組織だ

政治家は政策の中身について話したがる。野党はとくにそうだ。だが、僕の持論は、政策の中身と組織の力はワンセットになって初めて力を発揮するということだ。いくら素晴らしい政策であっても、それを実行する組織が整っていなければ、政策は机上の空論に過ぎない。

大阪都構想を提唱したときも「役所の制度をいじっても意味がない」とさんざん言われたが、あれは「大阪を良くする政策を実行するための、府庁・市役所組織の再編成」。機能する組織こそが重要なんだ。

政党も同じ。政治家や政党が個別に打ち出す政策よりも、政党の組織の力が重要。第4章では強い野党を作る基礎として、強い地域政党が必要であることを述べた。これら地域政党の政策・理念・政治信条などはそれぞれ個性あるものだろう。

ゆえにこれら地域政党が一つにまとまりながら強大な野党を形成するためには、政党間でも意見をまとめる必要が出てくる。このまとめる力、まとまる力こそが、政党の力であり、まさに民主主義そのものと言っても過言ではない。

そこでまず言っておきたいのは、野党の政治家こそ組織経営論を学ぶべき、ということだ。

自民党は、長い歴史と経験を経て政党組織としてある程度完成され、党内の異なる意見をまとめ、組織としてまとまる知恵と技術を持っている。別名「自分党」と揶揄《やゆ》されるほど、所属政治家たちは自分第一で、個性豊かであり、それぞれが一国一城の主という矜持《きょうじ》を持って動く。それでも組織として統制が取れているのは「組織決定には従う」という文化が根付いているからだ。

組織運営における大原則は、「組織としての最終決定には従う」ということ。自民党の真骨頂は、組織として決定するプロセスにおいて、あらゆる人間関係を使っての調整や反対意見を持つ者への配慮、そして最後は政治家個人の「人間力」でまとめることができる政治家が存在することだ。これらが阿吽《あうん》の呼吸で組み合わされる。決して、ルール上決定権がある執行部（経営陣）の決定をゴリ押しするばかりではない。もちろん、最後は総理総裁の決定が尊重されるが、それとて総理総裁に「力」がなければ、自民党はまとまらなくなる。

僕は組織の意思決定のメカニズムについて研究しているが、この自民党の意思決定のメカニズム、まとまる力ほど面白いものはない。

役所や民間企業は、自民党に比べると、だいぶすっきりしている。ルールに基づいて組織内の上下関係がしっかりと定められており、上司や経営陣の決定で組織が動いていく。決定に背くメンバーはほとんどいない。そんなことをすれば人事異動で飛ばされるからだ。

ところが、選挙で選ばれた政治家の集団である政党は、メンバーが政党に何十年も属することが当然にはなっていない。有権者に選ばれた間だけメンバーになれるというはかないものである。さらに小選挙区で勝ち続けてくると自分の力で当選したという自負が強くなり、これまでの人間関係上、頭が上がらない相手以外からの指示は受けたくない。当選回数による上下関係は一応あるが絶対的ではなく、特に同期や近い期になると、嫉妬心・ライバル心の方が強くなる。本質的に、政治力のある者が強さを持つ集団である。

こんな集団なので、ルール上決定権者になっているからといっていきなり決定をすると、必ず党内がざわつき出す。異論を持つ議員たちがおさまらない。いきなりの決定ができるのは、突出した政治力を持ったごく少数の政治家だけ。普通はこれまでの人間関係を活用したり、何らかの見返りを与えたり、脅しすかしたり、ほかの政治家の力を借りたり、一定の不満に配慮したり。まさに政治プロセスを経て決定に持っていく。

このときに威力を発揮するのは、結局、お金と人間関係。お金は今は法律が厳しくなって、かつてほどに使えないがそれでも重要だ。そして、お金の力に比べて分かりにくく、かつ各政治家が備えておかなければならない力が人間関係力。これぞ政治力の本質だ。これまでの貸し借りの中で「この人がそう言うなら仕方がないか」と思わせる力、相手方にとって頭が上がらない者に働きかける力……正直得体の知れない力である。しかしこの人間関係力を得るために、政治家は日々人付き合いを重ねていると言っても過言ではない。後述するが、僕にはこの力がからっきしない。

人間関係力を持っている政治家ほど、意見をまとめるためにプロセスを踏むし、激しい意見対立の調整に時間を割く。また、そうした政治家が党の組織上の権限を持っていれば、一任を取り付けることに成功しやすいし、最後はルールに基づいて自分の役職権限で決定して押し切っても、意見の対立は収まってまとまる。

他方、このような人間関係力を持たない政治家が、激しく対立する意見をまとめるのは非常に難しい。特に注意すべきは、人間関係力を持たない者が役職権限に基づいて強引に決定し推し進めるのは、政党を決定的に崩壊させる危険が高いということ。

民主党が崩壊したのは、この政党というある種特殊な組織の意思決定についての知恵と技術がなかったことが原因。民主党はダメだったという世間のイメージの多くの部分は、いつも内紛を繰り返し、離党者をボロボロ出したことによるものではないだろうか。

例えば、2012年、消費税増税の是非が論点になったとき、民主党は党内をまとめきれず分裂した。小沢一郎さんや鳩山由紀夫さんのグループなど、党内には増税反対論者が多かった。民主党が政権を取ったときに有権者に示したマニフェストに反するというのが増税反対論者らの主張。マニフェストを尊重すべきだということには一定の理がある。民主党は8日間にわたって合同総会を開いた末、総会の議長で政調会長だった前原さんが、議論がまとまってないのに一任取り付けをして増税に決めた。議場には怒号が飛び交い、前原さんを護衛する議員と反対派の議員で揉み合いになったという。

これが原因でのちに小沢グループ議員50人が離党。民主党が政権を失うことが決定的になった一件だ。

「反対多数につき、よって賛成」

なぜ、前原さんは多数決を採らなかったのか？　多数決だったら負けると分かっていたからではないだろうか。前原さんは「多数決には正しくないものが選ばれるリスクがある」と言う。でもそれは民主主義の否定だ。増税反対は正しくないというのなら、増税賛成で多数をとるように前原さんや、民主党執行部が多数派工作をすればいいだけの話だ。それに、多数決で前原さんが考える通りの増税方針に決まれば、反対派の小沢さんグループは党を出て行かなかっただろう。権力闘争においては、多数決で負けた方が、それを不服として政党から出るのは最も恥ずかしい行為だからだ。

組織経営論の観点から言って、前原さんの一任取り付けは間違っていた。異なる意見が渦巻いているとき、一任取り付けができるのは、全員の合意がある場合か、一任取り付けをする者に人間関係力が備わっている場合だ。

自民党はこの知恵と技術を持っている。

先日も、自民党内で憲法9条改正案のとりまとめが行われた。ここで安倍首相の案に、石破茂さんが異を唱えた。まとまる気配がない。そこで自民党での重鎮である細田博之憲法改正推進本部長は、党内から案をいろいろ出させ、細田さんも修正案を出しながら、そして最後は一任取り付けに成功し、改正案を一本化した。細田さんが本部長という立場を使って強引に決定したわけではなく、まとめるプロセスにエネルギーを割いた。最終的には安倍首相の考えとも、石破さんの考えとも両方読めるような案になった。これで党内はまとまった。

僕はこの9条改正案自体には反対だけど、何という技術！　意見が対立する場面をとりまとめるのに、党メンバーと人間関係を積み重ねてきた重鎮の細田さん、前副総裁の高村正彦さんらが一役買って出ることもできる層の厚さも自民党の力だ。

そう言えば、今の自民党はＴＰＰ（環太平洋パートナーシップ）推進でまとまっているけれど、もともとＴＰＰには賛成派、反対派が激しくぶつかり、党内が「推進」でまとまる気配など全くなかった。そこを、安倍首相が賛成なのか、反対なのかよく分からない表現で選挙を勝ち抜き、なんとＴＰＰ反対派の急先鋒である西川公也さんをＴＰＰ対策委員会の委員長に抜擢した。

これが成り立つ自民党は凄すぎる。その後西川さんは農林水産大臣に就任しているので、このポストを事前に約束された上で、ＴＰＰ対策委員会委員長を引き受けたのかもしれない。西川さんはバリバリの農林族で、農林水産大臣は政治家人生の最高目標と思われる。ＴＰＰ反対派の急先鋒の西川さんがまとめ役に就いたので、反対派は西川さんには遠慮する。その力関係の下《もと》で、西川さんは条件付きでＴＰＰを認める案をとりまとめた。西川さんは農林水産大臣に就任したら、すっかりＴＰＰ推進派になっていた（笑）。

自民党がTPP法案をまとめる過程がこれまた、人間の機微というものを知り尽くしている。農協から支援を受ける自民党議員らは、TPP反対集会に出席して反対を叫ぶ。自民党の部会でも反対を叫ぶ。自分の支援者に徹底的にアピールする。農協関係者は、この自民党議員はよく頑張ってくれていると評価する。でも最後はTPP推進でまとめられてしまう。反対派の議員は、自分たちの支援者に対して「ほんと西川って野郎は許せない！」などと言いながら、支援者からの追及をかわす——こうやって反対派の逃げ道をきちんと作ってあげるんだよね。

もう一つ、反対派に逃げ道を用意する自民党の「知恵」を紹介する。ある法案に対して賛成、反対が激しく対立したとき、自民党はそれでも全会一致の形をとる努力をする。しかしどうしても支援者の手前、反対を貫かなければならない議員には、全会一致という結論を出す直前に「トイレ休憩」を与えるという。

これは阿吽の呼吸だったりすることもあれば、サインが出ることもあるとか。「今から全会一致で決定するぞ」とまとめ役側からサインが出ると、反対派が会場から抜ける。そして全会一致と決まってから、会場に戻る。支援者には「俺がトイレに行っている間に（または携帯電話で緊急連絡が入ってきた間に）決めやがって。あいつらはけしからん」と言うらしい。チャーミングだ。

さらに、これは自民党の最高幹部から聞いた話だが、もはや都市伝説的な話。自民党内が賛成・反対で大揺れに揺れた、ある非常に大きな政策課題について、「賛成」でまとめることを託された機関の長に、なんとも言えない天然ボケキャラで有名な重鎮が就任した。賛成反対があまりに対立し、さすがの自民党も、まとめることができない。

そこでこのまとめ役の長は、最後の手段として多数決を採ることにした。自民党としては例外的な措置だったが、多数決の結果は「反対多数」。さあ、賛成でまとめることを託されていた天然ボケキャラの長はどうしたか？「反対多数。よって賛成とします」と声高らかに宣言して、会場をあとにしたという。会場内は「？？？？」と苦笑い。そのまま賛成で決まったという――ここまで来たら漫画の世界だ。ほんとの話なのかな（笑）。

こんな話は自民党に山ほどある。ほんと底知れない政党だ。とにかく、あの手この手を使ってまとめていく。学者が書いた本などには載っていない、膨大な人間関係を積み重ねたことによる知恵と技術の結晶で、これが自民党の強さの源泉だろう。

党が強くなるためには派閥が必要

我こそは一国一城の主と考えるアクの強い政治家が100人、200人といる政党で、意見をまとめて意思決定する際に、全員の意見を聞いて全員を説得することは無理な話だ。だから意見をまとめることのできる人間関係力を備えた政治家がどれだけ、どのように存在するかが、政党のまとめる力を左右する。常に所属政治家全員で合意をはかるのではなく、何人かの「まとめ役」が合意をすれば全員の合意とみなしていく。これは民主主義の基本。日本の政治全体が、このようなやり方で動いている。

人間関係力を持つ「まとめ役」を誕生させるためには、実は派閥というものが非常に役に立つ。派閥政治はかつて非難された。派閥政治の解消が、政治家側でのテーマにもなった。石破さんも派閥には否定的だったし、民主党も派閥政治を変えようと主張していた。

たしかに、政治の世界を外から見ると、派閥というのは何となく政治を悪くしている元凶に思える。派閥の中で見えないカネが動き、派閥の長が密室で物事を決めていく。派閥の維持に莫大な金がかかり、これが金権政治の温床となる。だから時代とともに、一般有権者の感覚やインテリたちの意見から、派閥否定論が強くなってきたことは確かだ。

でも、実際に僕は政党を運営した経験から痛感したのだが、派閥は絶対に重要。人間の集団ができれば、必ずいくつかのグループ（派閥）ができる。僕が身を置く弁護士会の中にも派閥がある。この派閥は、弁護士会会長選挙で勝つのが目的。派閥を単位にメンバーの交流や研鑽もはかられる。グループ（派閥）ができると必ず長が誕生する。

この自然の摂理を無理矢理否定しようと思うと、破綻が生じる。そしてこの派閥の長は単純に選挙で選ばれるようなものではなく、まさに人間関係力がものを言う。

選挙というのは真の実力者を選ぶ仕組みではない。ダメだったら交代させることに意義がある仕組みだ。皆さんだって、選挙の際に、候補者に本当に能力があるかどうかは分からないまま投票しているのではないか？　しかし、派閥の長は、実力者でないと務まらない。政治家というのは役職者の言うことを単純に聞く生き物ではない。ぺーぺーの議員なら決定に単純に従うが、実力者となってくると、そう簡単にいかない。実力者を抑え込もうとすれば、抑え込む側にも実力が必要になってくる。

自民党が強いのは、やはり派閥があるからだ。党の強さの根源は、まとめる力、まとまる力だが、派閥があるからこそ、激しい対立関係を最後はまとめることができる。人間関係の貸し借りの積み重ねのなかで、最終的には「俺の言うことを聞いてくれ」とメンバーを説得する。これが昔から続く派閥の長だ。

優等生や学級委員タイプの人間では、議員たちを仕切れない。仕切れるのは「地域の親分」的な人間だ。身もふたもなく言えば、「この人には何人ついてくるか」「この人がウンと言えば、党内の何人にウンと言わせられるか」がすべて。そのような人間関係力のある派閥の長が、何人いるかが党の強さを決める。

そういう政治家は簡単に誕生するものではないし、すぐに育つものでもない。長い年月をかけて人間関係に揉まれて育ってくる。鶏が先か卵が先かといった話になるが、人間関係で揉まれる環境として、やはり派閥以上のものはない。派閥内での議員の切磋琢磨はもちろんだが、何といっても派閥間の切磋琢磨＝すなわち権力闘争こそが、政治家に必要な人間関係力を磨く最高の場なんだと思う。

自民党の人に話を聞くと、派閥の維持はとてつもなく大変だという。メンバー議員の日常の相談事に応じるのは当然のこと、困り事に手を差し伸べ、役所幹部や有力企業の社長と会わせて欲しいと言われればつないだり、他人との間のトラブルの仲裁に入ったり。なかでも一番大変なのは、落選中の議員の面倒を見ることで、しかしこれをやらなければその議員は派閥に入ってこないとか。議員本人の生活保障だけで最低でも年間数百万円必要だろう。そりゃ政治にカネがかかるはずだ。

現在は、政治家個人にはお金が集まりにくい仕組みになっているので、政党が一定の面倒を見たり、党の力が強くなっているようだ。しかしやはり、派閥として面倒を見るかどうかが、その派閥を仕切る長の力の見せどころ。お金で十分なサポートができない分、知り合いの会社に、落選中議員と顧問契約を結んでもらうこともあるらしい。ここまでやっても裏切られることはしょっちゅうだという。

そして派閥間の権力闘争。最終的には派閥から総理総裁を誕生させて、閣僚人事や党の人事で派閥メンバーが良いポジションに就くようにする。これこそが権力闘争の目的だ。派閥間の対立が激化すると、相手派閥を潰してしまうくらいの勢いで多数派工作を仕掛け、相手派閥を切り崩す。勝った方は負けた方を人事その他で冷遇し、自分に勝負を挑むことの厳しさを示して、今後歯向かってこないように牽制する。

身をもって体験した権力闘争

権力闘争に敗れるということは、政治家にとって死を意味する。だから政治生命を賭けて勝つことに全力をあげる。

まあ、この部分では、僕も政党代表として実際に当事者になったけど、アドレナリンが全開になるよね。人間の闘争本能というか、それは政治家特有のものかもしれないけど、弁護士のときの裁判での闘争本能とはちょっと違う。弁護士として闘うときの闘争本能は法理論を駆使する理知的なもので、政治家のそれは単純に相手を失脚させるのが目的で、より原始的というか、生身の果たし合いに近い。

現代の民主国家において武器をとって相手を傷つけることは絶対に不可だけれど、それ以外のことは何でもありのような世界だった。カネ、ニセ情報のリーク、裏切り、騙し、脅し、誘惑、相手が困る状況を作り、相手が喜ぶことを餌とする――こんなことを相手に仕掛けておきながら、相手と会えばニコニコしながら飯を食う。

人間ってこういうものなんだ、というのを学んだ。もちろん、僕もいやらしい人間性が全開になっていたと思う。

そしてこの権力闘争に勝つために最も重要なものも、やっぱり人間関係力。人間関係というものを知り尽くしていないと、相手を失脚に追い込む効果的な策を編み出せないし、策を実行するにも人間関係力で人を動かさなければならない。多数派工作が柱となる権力闘争においても、結局のところ人間関係力がモノを言う。僕にはそういう人間関係力を身につけることは絶対に無理だ。

決定プロセスを全公開すれば本気度が伝わる

自民党の話を続けてきたが、野党もまた、人間関係力の強い政治家を揃えなければならない。幅のある意見を党としてまとめる知恵と技術を研鑽していかなければならない。そのためには派閥が必要。自民党に対抗できる幅を持った、強い野党を作るなら、その道を目指すしかない。ただ、現状をみれば、野党にはそうした歴史や蓄積がない。人間関係力の強い議員も十分ではない。ではどうするか？

このときのためにこそ、「多数決」というものが存在する。組織というものは本来、執行部や権限ある役職者が、自分の意思で物事を決定したいと思うのが当然のことだが、人間関係力が備わっていない野党の場合には、メンバー全員での多数決で決めざるを得ないし、多数決で決めれば基本的にはまとまる。ただし、これは執行部や役職者にとって、意図せざる結果になる可能性がある。執行部や役職者も自分の思いを実現するためには多数派工作に汗を流さなければならない。

この多数決は、透明性と公正性が肝だ。議論は、どれだけ見苦しい応酬があろうとも国民にバトルの全容を公開する。その上で、メンバー全員で多数決を取る。

こうして多数決で結論を出せば、負けた方も必ず結果に従うはずだ。しこりは残るだろうが、党の分裂はない。権力闘争において多数決で負けた方が、それを不服として政党から出るのは最も恥ずかしい行為である。どうしても意見が異なるので、党を出るというのはまだ許される。しかし、多数決で負けたから党を出るというのは民主主義の否定だ。政治家として決定的に求心力を失い、自殺行為に等しい。だから党は割れない。

このプロセスを国民に公開することで、執行部の力のなさが露呈するという面はあるだろう。だが、大きなプラスもある。議論をすべてをさらけ出してでも、党として一つにまとまろうとする本気度と、結果として「決めた」事実について、有権者は大いに評価するだろう。各議員がコメンテーター的に理想論ばかり言っていた、これまでの野党とは全然違う覚悟を感じるだろう。

むしろ、党の方針を決めるのに、できる限り公開ディベートの形をとるのも、自民党とは異なる新たな意思決定の方法として、有権者の支持を集めることができるかもしれない。すべて公開となれば、各議員の勉強量、ディベートの実力は一目瞭然となる。メンバーも明らかにおかしな案には賛成できなくなる。そうすると議員のディベート力や、案の中身の合理性が決め手になって、党内で実力者が決まっていく。極めて合理的だ。

人間関係力が決め手となる意思決定では、議員の実力は人間関係力で評価される。案の中身より人間関係力が優先だ。公開ディベートを決め手とする場合には、議員の実力は勉強力、ディベート力で評価される。人間関係力よりも案の中身の方が優先。野党はあえて後者の組織を目指すのも強い野党になる一手だと思う。

松井一郎さんに見たプロのまとめ方

日本維新の会、大阪維新の会で絶大なリーダーシップを発揮している松井一郎さん。松井さんの人間関係力は、元自民党議員だったこともあり、目を見張るものがある。後述するが、僕はこの松井さんの人間関係力に全て頼っていた。

この松井さんをもってしても、自分の人間関係力でまとめることができなかった課題がいくつかあった。その大きなものの一つが、議員報酬削減だった。今でこそ、維新は議員報酬削減、身を切る改革を党の中心公約と掲げ、ある意味で党のアイデンティティとしている。しかし最初に、大阪府議会議員の報酬を3割カットすることは、大阪維新の会内部で大激論となった。

大阪維新の会を2010年に立ち上げ、最初に臨んだ11年の統一地方選挙で、大阪維新の会は、府議会で過半数の議席を得た。大阪市議会でも第一党。もちろん選挙区制度の違いがあるので一概に比較はできないが、17年の都議会議員選挙で127議席中、49議席を獲得して「大躍進」と報じられた都民ファーストの会よりもさらなる勝利だった。

松井さんは、この過半数の勢いをかって、そのまま議員定数2割カット、議員報酬3割カットに突き進む。議員定数について影響が出るのは次の選挙。ここは松井さんの人間関係力でまとめあげた。しかし、問題は議員報酬。これは議員にとって明日の生活にかかわる。党内で大反発が起きて、まとまる気配がない。

そこで松井さんが採ったのが、メンバー全員での多数決だ。前原さんのように一任取り付けはやらなかったし、幹事長権限を使って強引に決定もしなかった。多数決となれば、松井さんは負ける場合があるが、そこは権力闘争と多数派工作だ。松井さんも人間関係力を駆使し、反対派も人間関係力を駆使する。

採決のとき、松井派のなかには松井さんが勝つだろうと思って、採決に出てこないメンバーもいた。松井さんは「このままでは負ける」と思い、採決時間を延ばしながら出席していないメンバーに直接電話して出席を促した。

そして採決――わずか1票差で、松井派＝議員報酬削減派が勝った。

多数決を行ったので、これだけ激しい対立があったにもかかわらず、反対派は決定に従い、大阪維新の会は割れなかった。その後は議員報酬削減の実績が評価されて、維新は選挙でも勝ち続ける。報酬削減反対派はいつのまにか、報酬削減だ、身を切る改革だと演説で叫ぶようになっていた（笑）。

僕はこのとき府知事だったので、議会のことには関せず、状況報告を電話で聞いていた。松井さんが血相を変えて頑張っている中、権力闘争の様子を楽しませてもらっていた。このまとめ方は、松井さんの知恵であり技術であり、そして人間関係力の賜物である。

立憲民主党、日本維新の会の執行部強化

民主党の失敗を教訓としたのが、立憲民主党の枝野さんだ。枝野さんは弁護士ということもあり、組織ガバナンスを重視し、権限者がきちんと権限を行使できるようなルール整備、すなわち執行部の権限強化に乗り出した。

たとえば立憲民主党の規約を見ると、第26条の1に「国会議員選挙、ならびに、都道府県及び政令指定都市の長及び議会議員の選挙における候補者の公認又は推薦等は、執行役員会の承認を得て選挙対策委員長が発議し、常任幹事会が決定する」とある。以前の民主

党なら、選挙対策委員会を中心として皆で話し合って候補を立てていたが、立憲民主党では、最後の決定権を持つのは、常任理事会すなわち執行部となっている。玉木雄一郎さん率いる国民民主党も執行部の権限強化を進めている。

この点、日本維新の会は、党内ガバナンスについてかなり踏み込んだルールを定めている。というのも日本維新の会は他の党と違い、地域政党から誕生したものだ。他の党は、意思決定において、国会議員が頂点にある。しかし、日本維新の会は大阪府知事が代表にもなり、党の幹部も地方議員が占めている。ゆえに一工夫、ふた工夫のガバナンスルールが必要になるが、ここは僕が政治家を引退する前に、知恵を凝らしたところである。ただ、これはスタートアップ時のルールであって、大阪側や地方政治家に有利なこのルールに今後も維新の会がしがみつくようでは、全国的に国会議員の仲間が増える可能性は低いだろう。

このようにルール上執行部が組織としての決定権を持ち、党員はそれに従うことをしっかりと定めることは組織経営論としては必要不可欠なことだ。執行部が意思決定権、人事権、予算権、そして候補者の公認権をしっかり持つように定める。民間企業なら当たり前のことだが、きれいごとの民主主義がよく叫ばれる政治の世界では、メンバーみんなで話し合うことがいいことだとされ、これまで多くの党の重要な決定は、メンバーみんなで話し合うような仕組みになっていた。

もちろん、執行部に全ての権限が集中するのは危険だ。だからこそチェック＆バランスの仕組みをしっかりと構築しなければならないが、メンバー全員で話し合って決めるというのは幻想だ。

政党は、民間企業と異なる性質を持つ。ゆえに強力なトップダウンの組織では党内が収まらない。だからといってみんなで決めるというのも幻想。そこでルール上執行部の権限をそれなりに定めながら、実際の決定においては、まとめ役の人間関係力というものをフルに使ってまとめていく、というのが長い年月をかけて築き上げられた自民党のまとめる力、まとまる力の知恵と技術なのだろう。

野党はこの点を徹底的に研究すべきだ。権限ルールは必要だが、それだけではダメ。人間関係力の醸成が必要だ。人間関係力が醸成されていないなら、ルール上は執行部や役職者が決定できるにせよ、そのゴリ押しは避けて、さきほど言ったように、国民にすべてを公開しながら党内ディベートの多数決で決める。これこそ野党がまとめる力、まとまる力を備えて強くなる最も近い道筋だ。

組織の原理をよく理解していた石原さん

2012年に誕生した日本維新の会は、のちに石原慎太郎さんのグループが加わり、僕と石原さんは13年1月から共同代表になった。

石原さんとは基本的な考えでは一致していたけれど、意見が合わない部分もたくさんあった。石原さんは戦争を経験している世代。僕は本で知っているのみ。国というものをどう考えるかで、違ってくるのが当たり前。その最たるものが、原発に対するスタンスだった。僕は原発推進反対、石原さんは推進。互いに譲れないところだった。

2013年の臨時国会で政府から、トルコとアラブ首長国連邦(UAE)に原発輸出を可能にする原子力協定承認案が提出された。日本維新の会は賛否をどうするか。国会議員団内は賛成と反対で真っ二つに割れた。僕は反対だった。単純な原発反対を理由とするのではなく、日本が一番困っている使用済み核燃料の最終処分について、トルコやUAEに一定の協力をさせる義務が何も盛り込まれていない、この協定には知恵がないということが主な理由だ。

石原さんは筋金入りの原発推進論者だ。輸入に頼らない自立したエネルギー源として、そして日本の核武装の可能性を担保する原発に強いこだわりがあった。もちろん、トルコとUAEへの原発輸出についても賛成。

朝日新聞や毎日新聞には散々、「党内不一致だ」と叩かれた。僕は「政党内にさまざまな意見があっていい、最終的にまとめればいいだけ」という考えだったので、そのように反論した。

原発輸出についてだが、まず国会議員の執行部で議論した結果は「賛成」となった。でも、反対派は収まらない。当時の国会議員団の執行部には、まとめるだけの人間関係力がなかった。

政治家の人間関係というのは面白いもので、あくまで直接の利害関係の中で作られていく。世間的にどう評価されている、他人からどう評価されているかというのはあまり関係がない。自分が相手に直接どれだけ世話としたか、自分が相手にどれだけお世話になったかで築かれていく。だから、人間関係力を蓄えるには、膨大な数の人間と直接接触をしなければならない。

当時の国会議員団には、石原さんをはじめ、片山虎之助さん、平沼赳夫さん、園田博之さん、藤井孝男さんなど、閣僚経験者や自民党の超重鎮だったメンバーが複数存在した。

現職の自民党の最高幹部ですら気を遣うメンバーだ。

しかし、それはあくまで永田町の世界での話。たしかに、永田町で政治経験のある維新メンバーはこの重鎮たちの人間関係力に取り込まれていったが、永田町での政治経験のない維新メンバーは、この重鎮たちのことを「単なるおじいちゃん」としか思っていない。この重鎮たちも面食らったと思う。永田町の議員は、みんなが先生、先生と奉ってくれ、特に若い議員となれば、殿上人を崇めるように接してくれる。ところが、目の前にいる永田町経験のない維新の新人議員には、そんな意識は全くない。全く対等に、そして堂々と反対してくるのだから。

自民党の中でまとめ役、それも超重鎮だった人でも、維新の中ではまとめ役になれない――こういう状況だから、原発輸出協定についても、国会議員の執行部で賛成に決まったものの、党内での反対意見を抑えることができなかった。

そこで、維新の衆参両院協議会で国会議員全員での多数決を行うことになった。

石原さんは原発輸出に賛成の演説を行い、僕は大阪市長として日々大阪で仕事をしていたので、反対の演説を大阪でICレコーダーに録音し、それを東京の国会議員団の前で流してもらった。その上で採決したところ、結果はわずかな差で「反対」が上回った。執行部での結論から一転して、日本維新の会としての最終結論は「原発輸出反対」に決まったのだ。

もちろん、石原さんだって収まらない。僕と松井さんと石原さんで、維新の東京の本部で話をした。部屋に入るなり、

「橋下君、あれだけは俺は許せん。執行部で決まったものを全員の多数決でひっくり返すなんて学級委員会じゃないんだから、ああいうやり方はやめてもらわないと困る！　なぜ議員生活何十年の俺たちと、この間議員になったばかりの連中が同じ1票なんだ！」

石原さんは顔を真っ赤にして怒っている。

そのときに、僕らはこう説明した。

「維新は自民党のような派閥もなく、先輩後輩の関係がないし、誰かに世話になったっていう人間関係の貸し借りもないから、全員平等に1票を与えないと党内が収まりません。あえて言わせてもらうと、大阪のメンバーは大阪維新の会の力で勝ってきたと思っているので、東京の国会議員団の執行部が言ったからといって、『はい、そうですか』と従うような面々ではありません。メンバーにとって維新という政党は、役所や会社のように何十年と過ごす組織でもない。議員を2年やれるか3年やれるかわからない中で、直接お世話

になったわけでもない人たちに、そうは簡単には従いませんよ。まとめようと思ったら多数決しかないんです」

石原さんはみるみる冷静になってきた。そもそも、両院協議会での多数決に応じてくれたということは、国会議員団の執行部も自分たちで一任取り付けをするだけの人間関係力がないことを感じていたのだろう。

僕は、石原さんの問題提起を受けて、党のガバナンスルールを改めることにした。執行部の権限強化だが、何でも執行部が決めるようになるとメンバーの反発が収まらない。バランスが大事だ。多数決をするための要件を設け、執行部の決定に対して、20票以上の異議申し立てがあった場合に限り、国会議員全員で多数決をするというルールにした。党に人間関係力がない場合に、まとめる、まとまるための知恵と技術である。

◆

この原発輸出協定をめぐる維新内のドタバタ劇は、純粋な政策論争という側面だけでなく、党内の権力闘争の側面が強かった。大阪組と大阪以外というグループ間の主導権争いだ。政党の外から見れば、純粋な政策論をしろ！　と批判を受けるかもしれないが、政党を運営する立場からすれば、政党の力、政治家の力を高めていくためには、このような権力闘争も必要不可欠だったと確信する。

そして、さきほども触れたが、多数決での決定には、必ず党をまとめる力があることの証は、何十年にもわたる政治経験のある石原さんが、持論である原発推進を、いわばヒヨッコ議員が1票を持つ多数決によって封じられたにもかかわらず、その決定には従ったことで明らかだ。自らが範となって党の決定に従わなければ、以後党をまとめることはできなくなるし、そもそも多数決で負けながらそれに従わないということは、政治家として恥だと当然感じているからだろう。

ただし、石原さんは、その後、原発輸出協定の採決をする国会審議は欠席した。後から電話がかかってきて、「玄関で転んで手首をケガし、病院に行かざるを得ない状況だった」と神妙な声で説明を受けた。メディアにもそのように説明していた。今まで何十年も確信を持って主張してきた原発推進論とは異なる方向で1票を投じるのが、辛かったのだと思う。そしてこういうギリギリの形で、党の決定と自分の信念とのバランスを取る。自民党で培われた知恵と技術だろう。


「役割分担」で組織を動かす――政治家と役人

組織運営で最重要とされている一つが、組織内の役割分担だ。

政治と官僚との関係も、役割分担が重要だ。

僕は政官関係には強いこだわりがあり、知事時代、市長時代ともに、役人と議論が白熱するたびに、政官の役割分担を強調し、どこまでが自分の領域でどこからが官僚の役割かをまず徹底的に議論することにしてきた。

そして最初にやらなければならないのが、僕の言葉と役人言葉の変換装置の設置だ。

僕には役人の経験が全くない、外部からきた「よそ者」だが、その下に行政組織全体がつくことになる。

僕の思考や言葉は、役人のそれとは違っている。そんな僕が僕の思考と言葉でいくら役所組織に指示を飛ばしたところで、組織はスムーズには動かない。僕の思考や言葉を、役所で言うところの思考や言葉に変換してもらう必要があるし、逆に役所の思考や言葉を僕が言うところの思考や言葉に変換してもらう必要もある。

そこで、このような変換をしてくれる特別チームを作った。「知事が○○と言っているのは、役所で言うところの××ということです」と僕の考えや思いをそのチームに伝え、そのチームでいったん役所の思考や言葉に変換し、役所の担当部局に伝えてもらう、担当部局との議論の場には、必ずこのチームを同席させた。

僕とチームとのやり取りの中で、「役所組織としてはそのような指示では動きようがない」「現場の役人はその指示をこのように受け取るだろう」ということが次々に明らかとなり、僕はさらに自分の思考方法を改めたり、指示の出し方を工夫したりしていった。

そんなチームも加えて、担当部局と徹底して議論したのが、僕の役割と行政の役割の境界線だ。今までの役所組織の慣例やルールを変える、大きな方針を示すというのは僕が受け持ち、そうして示した大きな方向性の中で、具体的な制度設計をするのは行政の役割という原理原則に徹底的にこだわって具体的な課題を議論した。

「こういう方向性で政策（改革）を作りたい（実行したい）」と大きな方針を示し、それを変換チームで役人が理解できる言葉に直してもらう。担当部局には、異なる案2案か、収まりの良い案を中心に、両極端の2つの案を加えた3案を作るように指示する。

担当部局の作ってきた案に、僕がおかしいと思った点を指摘しても、チームから「こういうルール、こうした制度があるため、知事の指摘を実行するのは不可能です」と返ってくる場合がある。そのときは、「そのルール、制度を変えるのは知事の役割だね」と僕が返す。知事がその役割を果たせない場合、役所の言い分を尊重する。ルールや制度上できないことを、無理にやらせようとしても、役所は動きようがない。

政治家の指示で失敗するのは、たいていこれだ。しかし変換チームがないと、役所が「できない」と言っていることの理由がよく分からず、単にやりたくないだけではないかと、不信感を募らせることになる。

日本の法律や制度というのはかなり複雑で、さまざまな法や制度が絡み合った上でできている。ひとつの法案や制度案を作るにあたっても、多くの調整が必要となる。役所に何十年も勤務し、各自の分野の法律や制度を知り尽くしているのが、官僚・役人であり、行政機関だ。

そこに政治家がいきなり、自分の思い付きで具体的な案を提案したり、問題点を指摘したりして、「すぐにやれ」と強要しても、組織は動けない。ゆえに変換チームに、政治家の言い分を役人が理解できるように変換してもらい、逆に、役所の言い分を政治家が分かるように変換してもらい、政治家の役割を明確にする。

そして政治家が役割を果たし、役所が「できない理由」を取り除いた上で、担当部局に実行させる。さらに役所の「できない理由」が、政治家がすべきような政治的判断であれば、それは政治家の役割であって、役所が判断すべきでないことを明らかにして、役所に実行させる。役所がやるべきことに政治家が口を突っ込み、政治がやるべきことに役所が口を突っ込むと、とたんに政治行政は動かなくなる。

政治家と行政がお互いの役割分担を意識すると、当初は大きく距離のあった両者の意見がだんだん近づいてきて、収斂《しゅうれん》されていく。そして、ここまできたら、もう判断してもよいということを見極めて最終判断を下すことが、これまた政治家の、トップの役割だ。

もちろん、市長、知事、閣僚から総理大臣まで、政治家の役割は、役所組織に大きな方向性を示しながら、役所組織に案を作らせていくというトップダウン的なものばかりではない。知事・市長の経験でいうと、物事を決定する全体の99％くらいは日々の行政実務を担う役所組織の方からボトムアップしてくることを承認する仕事で、トップダウン的に役所を動かすのは全体の1％くらいじゃないだろうか。

いずれにせよ、こうして政官が互いの役割を理解した上でコミュニケーションのキャッチボールをしながら進めていくというのが、政治家が行政組織を動かすための基本である。

大阪の改革を支えた「コワモテ、酒飲み」

このように抽象論で政治家と行政組織とのキャッチボールを論じるのは簡単だが、現実はそうは簡単にはいかない。特に、大阪市役所を解体して再構築する大阪都構想を選挙で訴えて大阪市長に当選し、大阪市役所に乗り込んでいった僕のような立場ならなおさらだ。

2011年の大阪市長選挙は激しい選挙だった。対立候補の当時現職の平松邦夫市長は、大阪市役所を守る立場を標榜し、役所組織から完全なる応援を受けていた。役所が組織をあげて味方につくと、それは強い。職員が一丸となって応援し、家族や知り合い、そして職員OBの家族や知り合い、天下り団体の関係者なども含めていくと、大阪市内で30万人ほどになるとも言われている。さらに、役所から補助金をもらったり、役所に普段お世話になっている企業、団体などは当然役所の味方につく。

大阪市役所の解体は大阪市議会の解体でもあるので、大阪維新の会以外の自民党から共産党までの政党も全て平松さんの応援だ。自民党と共産党ががっちり手を組んで選挙運動をやっていた。各種業界団体も全て平松さんの応援だ。選挙を取り仕切っていたのは、現職の副市長。役所組織にバンバン指示を出し、区長会議では選挙の情勢報告なども行われていた。

こんな選挙戦だったので、きれいごとなんて言ってられない。僕は市役所や業界団体に無関係な一般の有権者を相手に、大阪都構想の必要性や大阪市役所の問題点を激しく訴えた。「大阪市役所は解体する！　ぶち壊す！」「市役所や市議会は利権に巣食うシロアリだ！」「天下りは全部潰す！」

そしてまた、地下鉄・バス事業の民営化や、上下水道事業の合理化、市立幼稚園・保育園の民営化、さらに市立大学と府立大学の統合など、僕が掲げていたあらゆる政策は、大阪市役所が組織をあげて反対する内容だった。そういえば、市役所職員が政治の領域に踏み込んだような発言をしてきたので、「一族郎党首を洗って待っておけ」なんて啖呵《たんか》も切ったこともある。戦国武将になり切り過ぎたか（笑）。

このような僕が市長として、市役所に乗り込んでいったとき、役所の方は当然、戦々恐々としていた。

選挙戦のときと同じ調子で組織のトップに立っても、組織が動かないことは目に見えている。ここは北朝鮮ではない。成熟した民主国家の日本だ。そして僕は、大阪市役所を動かすだけの人間関係力を、市役所の中で持っているわけではない。

組織を動かすのは「人」だ。政党でも、まとめる人材が必要だと言ったが、役所でも同じだ。これから大阪市役所が嫌がること、反対することを、大阪市役所を徹底的に動かして実行していかなければならない。

この矛盾した組織マネジメントを実行するには、役所を動かすための役所側の「司令官」を誰にするかが最も肝心だ。

僕は、市長選に突入する前から、大阪市役所の幹部に関する情報をできる限り集めていた。そして大阪市役所側の司令官として、当時総務局長だった村上龍一さんを筆頭副市長に任命した。

この人事は、発表した直後から大反響があった。村上さんは反維新の急先鋒とも言われており、大阪都構想にも反対。僕が真っ先に排除する人物であると周囲は見ていたし、当の本人も、まさか自分が副市長の任命を受けるとは思っていなかったみたいだ。僕は十分に情報収集した上で、村上さんを任命した。

僕は、村上さんに副市長の職を打診した際、彼にこう言った。

「僕と村上さんで考えが違うのは、よく分かっています。都構想についても維新についても、よく思っていないことも分かっています。それでいいです。心から都構想や維新に賛成してくれとは言わないし、村上さんの反対という考えは反対のままでいいです。ただし、決まったことには従ってほしい。そこだけ約束してください」と。

村上さんが「分かりました」と即答してくれたので、副市長に任命した。

なぜ村上さんを、副市長の座に引き上げたのか。

選んだ理由は、大きく4つある。

まずは、ザ・官僚であること。個人としてはいろいろな意見があるにせよ、決まったことには従うという行動様式が、骨の髄まで染みついていること。

次に、組織利益の強烈な代弁者であったということ。僕が村上さんと意見がぶつかるのは織り込み済みだったが、それでも組織利益を一生懸命に考える人物が、激しい議論などを経た上で最終的にイエスと言えば、組織は動くと考えた。村上さんなら、役所の言い分をきちんと考えて判断してくれたのだろうと組織の側が受け止めると考えた。

さらに、コワモテであったこと。確かに役所組織は政党と異なり、人事権や組織内ルールで上意下達の指揮命令がしっかりしている。しかし、これから僕がやろうとすることは、大阪市役所が強烈に嫌がったり、反対したりすることばかりだ。何か言うたびに下から反発されるような人物では、組織のコントロールなどできない。村上さんは組織の中で慕われていたが、同時に、自身の決定に周囲を従わせるような迫力を備えていた。

最後が、酒飲みであったから。何かあったときの部下の説得やガス抜きというのは、やはり酒の場でコミュニケーションを取りながら、「まあまあ、お前の考えも分かるけれど、ここはひとつこうやってくれ」とやることが、まだ主流だろう。職員同士の人間関係を築く場も酒場だと思う。人徳のある酒飲みは、そうした「酒の場での人間関係構築技術」を持っている。もちろん、これからの時代は変わってくるだろう。しかし、まだ市役所幹部の世代は「飲ミニケーション」を重視していると考えた。

そして、市役所組織を動かすための人事案についても、村上さんに考えてもらった。条件は同じく、「議論して決まったことには、必ず従うようなメンバーにしてほしい」というもの。実際に村上さんが作った人事案においては、維新嫌いで、大阪都構想の反対者も入っていた。

ただし、大阪市役所が嫌がる改革や大阪都構想を進める担当部局の長には、改革派と言われていた市役所職員や、大阪府庁で僕の部下として改革をやってくれた府の職員を充てた。官僚の専門知識に負けないようにするためには、やはり味方となる役人が必要である。こちらの担当部局ではかなり強引に決定を重ねたようで、職員の不満は、村上さんにもかなり上がっていたみたいだ。

副市長には村上さん。そして改革部局の長には僕が引っ張ってきた改革派。それ以外は村上さんの人事案。

このようなメンバーでの議論だったから、議論のたびに、反対意見もたくさん出た。しかし、それこそが、組織を動かす上でのポイントの一つだ。最後は「決めたことに従う」という前提があれば、むしろ反対の声はどんどん上がっていい。反対する者にとっては、最終的に自分の思いとは違った方向に進んだとしても、反対意見を表明していたことがガス抜きになる。これは政党運営のときと同じだ。

僕は時間をかけて徹底的な議論をし、反対意見や味方の職員の意見を聞きながら、こちらの当初案も修正するところは修正した上で、「皆さんの思いは分かったので、この案でいく」という手順で最終決定を重ねていった。決まったことには村上さんが睨みをきかせ、村上さんが「決めたことには従うメンバー」を選んでくれていたこともあり、組織は改革に向けて動いていくことになった。

外から見ると、僕が、役所の意見に聞く耳を持たず、役所の反対を押し切り強権的に政策を断行し、改革を進めていたように見えたと思う。もちろん、そういう部分も多分にあっただろう。しかし、38歳で大阪府知事になり、42歳で大阪市長になって巨大な組織を動かすためには、組織経営のコツに従ってそれなりのマネジメントをやっていた。そうでなければ、改革を実行することなどできなかった。

「役割分担」で組織を動かす――道しるべとまとめ役

僕は政治家として、大きな目標、大きな方針を示して、有権者に広くメッセージを届けたり、役人と理論的な議論をして最終的な判断を下し、役所組織を動かして実行したりするのは得意だったけれど、仲間を作り、周囲の人間関係の輪を広げていくようなことは苦手だった。

すなわち政治家としての人間関係力はなかった。だからその部分は、松井一郎さんに全て委ね、維新の会という政党を運営していた。

役所組織は上意下達の組織であるので、きちんと人事を押さえておけば、組織は何とか動く。しかし、政党、特に新興政党は上意下達が厳格ではないため、やはり人間関係力でまとめていくことが重要となる。

人間関係力をどう身に付けるかは、これは教科書がない。理屈で身に付けられるものではないだろう。その人間の全人格から溢れ出す魅力や、経験に裏打ちされた知恵がものを言う世界だ。学校のお勉強でどうにかなる話ではない。まさにこの点が政治家としての力の全てだといっても過言でない。

そういう意味で、僕は政治家としては失格だし、議員集団の中でとても生きていける人間ではない。

この8年間、様々な政治家を観てきたが、僕と人間関係力のある政治家には決定的な違いがある。僕は完全なビジネス目的か、自分が楽しくなければ誰かと飲みにも食べにも遊びにも行かない。しかし人間関係力のある政治家は、とにかく人と接触する。楽しいか楽しくないかは関係ないそうだ。

僕がこの話をしたら、人間関係力のある政治家の多くは「我々は人に会ってとにかく話をするのがビジネスだ」と言われた。僕のビジネス目的の飲食は、その飲食がどのようにビジネスにつながるかがはっきりと見えるものだが、しかし政治家のそれは、その飲食がどのようなことにつながるのかははっきりしなくても、人と接触すること自体がビジネスであり、人間関係力を身に付けていくという感覚なのだろう。

2010年に大阪維新の会を立ち上げた直後、メンバー30人くらいで、鶏鍋を食べに行ったことがある。食事が始まって15分もしたら、僕は鍋を一人でつついていた。横のテーブルの松井さんのところには、人の輪が二重にも三重にもなっていた。

僕はゴルフもしないし、カラオケもしない。弁護士業の関係者やごく少数の友人たちと飲食するくらいだ。

ある日、松井さんが「代表は何が趣味なん？」と僕に聞いてきた。僕は「大型バイクに乗って走ることくらいですかね」と答えた。すると、松井さんは現職の大阪府知事なのに、教習所に通って大型バイクの免許を取ってきた。そしてこう言った。

「ツーリングに行こう」

人間関係力の一例である。

ただ、僕は僕なりに、役割があったと思う。

大阪維新の会が進む方向性をしっかりと示して、維新のメンバーの道しるべとなる。そして有権者から支持を得られるようなメッセージをしっかりと発して、選挙で勝つ。僕と松井さんとの役割分担だ。

安倍首相と菅官房長官もそれに近いと思う。

安倍さんが道しるべ役。菅さんが政治家集団をまとめる役。自民党という政治家集団は規模も大きいので、菅さんに加え、麻生さんや二階さんもまとめ役となっている。二つの役を一人がやるのはスーパーマンじゃないとできないだろう。

野党が弱いのは、この役割分担の仕組みがないからだ。

民進党の蓮舫代表、前原代表のときに、政治家集団をまとめる役がしっかり機能していたのか。そもそもまとめ役という概念すらなく、代表が放ったらかしにされていたのではないか。今の野党はどうか。野党が強くなるためには、この道しるべ役と、政治家集団をまとめる役という役割分担の仕組みが必要だ。

日本維新の会は「強い野党」になれたか

では、このあたりで、僕自身が率いた国政政党「日本維新の会」は、強い野党になれたかという問いにも答えなければならないだろう。結論からいうとノーだ。

前提として、日本維新の会は、大阪都構想の実現という大目標のために必要だった。国政政党の存在があったからこそ、政府自民党や中央省庁と、大阪都の制度設計図である協定書について高度な政治折衝ができた。日本維新の会がなければいくら大阪が大都市とはいえ、大阪都構想は一地方自治体の要望に過ぎないと扱われ、しかも統治機構の大改革という突拍子もない提案など、相手にしてもらえなかっただろう。

また大阪府議会、市議会でも、当時は大阪維新の会は過半数を持っていなかったので、大阪都構想を実現するには公明党の力を借りる必要があった。だから2012年の衆議院選挙では大阪・兵庫の6選挙区の候補者調整で維新が公明に譲歩する代わりに、大阪都構想の住民投票の実施まではのんでもらった。この駆け引きも、国政政党としての維新が力を持っていたからこそだ。

さらに大阪の政治行政は、安倍政権の協力で、これまで進めることができなかった政治課題をどんどん進めることができた。うめきた2期開発、阪神高速道路淀川左岸線の延伸、大阪万博への挑戦、カジノを含む統合型リゾート推進法（IR推進法）の制定、リニア中央新幹線の大阪開通の8年の前倒し……その他、これまで法律や制度の壁にぶつかっていたことを安倍政権の協力で乗り越えたことは多数ある。ゆえに、日本維新の会が安倍政権に必要な協力をすることは当然だ。

つまり、大阪を大改革し、大阪都構想を前に進めるためには日本維新の会はフルに機能した。しかし、問題はそこからだ。

維新とはベンチャー野党。創業とスタートアップには成功したけれど、国政政党としてさらに成長し、自民党と張り合える党になったかというと、失敗と言わざるを得ない。

この本でこれまで説明してきたことと一部、重なるところがあるかもしれないが、大事なことなのでまとめておきたい。

今後の野党は同じ失敗をしないように維新の例を教訓にしてもらいたいと思う。失敗の理由は大きく言えば4つ。まずは国会議員の日常の活動量が話にならないほど少なすぎること。2つ目は、組織としての戦略性がなかったこと。3つ目は、党にまとめる力、まとまる力がないのに自民党と同じ政治をやろうとして、それが政治ごっこで終わってしまったこと。そして4つ目は、各議員に「野党のままでは死ねない」という命がけでの権力欲、名誉欲がないことだ。

議員の日常の活動量の欠如・戦略性の欠如

国政政党・日本維新の会が一定の議席を取れたのは、何度も言っているように、僕や松井さんが府と市できっちり政策や改革を実行し、大阪では自民党と張り合える存在になった「大阪維新の会」の活動が基礎にあってこそ。僕自身、知事と市長で実績を出すだけでなく、街頭演説とタウンミーティングだけでも優に1000回以上こなした。大阪維新の地方議員も、それぞれの地域で一軒一軒を回って有権者のみなさんに話を聞いてもらったり、小さな集会を各地区で開いたりするなど、圧倒的な量の活動の積み重ねがあった。それも、自民党のように業界団体への挨拶まわりなどはほとんどなし。業界団体には属していない一般の人向けに、他のどの政党にも質量ともに負けない活動を展開してこそ、大阪維新の会の基盤ができた。

そうした日常活動こそがすべての根底なのに、日本維新の国会議員の多くは、当選するや自分の力で通ったと勘違い。議員になってやることと言えば、永田町での政治家ごっこ。議員や経営者らとムダな会食を繰り返し、式典やパーティーでチヤホヤされ、官僚から政策レクチャーを受けて賢くなった気になり、総理や大臣に質問しただけで世の中を動かしたと思い込んでいる。偉くなった気でいるから、自分の選挙区ですらろくに活動しない。さらに自分の当選しか頭にないから、党勢拡大のための他地域での活動などもちろん皆無。

2つ目に挙げた組織としての戦略性の欠如だが、これには僕にも責任がある。実際のところ、大阪の改革、特に大阪都構想で手いっぱいになってしまい、国政政党としてのマネジメントは「東京まかせ」になっていた。議員各個人が好き勝手に活動していて組織としての戦略性が全然ない。支持を広げるために組織としてどんな戦略を基にどのような戦術を展開するのか、ここが全くなかった。

他方、大阪維新の会では、定期的に、また随時役員会を開き、さらにほぼ毎日僕と松井さんが協議しながら党運営を行っていた。そして、無数にぶつかる課題について必ず獲得目標の設定を行い、そこから何を誰がどのようにやるのかを決めていた。必要であれば推進チームを立ち上げる。そしてその活動について目標を獲得できたかの検証をする。大阪都構想の実現に向けての大きなスケジューリングや、どこで何を仕掛けるかなどについても随時更新していった。大阪維新の会はきちっと組織立っており、トップマネジメントで方針を立てれば、メンバー全員でそれに向かって一生懸命に動く。またメンバーでの議論が必要なものは、松井さんが人間関係力でまとめていく。党の事務職員も、政治家が不得手な膨大な事務作業を迅速にこなしていく。

大阪維新の会は組織戦略に基づいて組織として動いていた。

それが表れる一例は選挙である。大阪維新の会は組織で動く。選挙対策本部を立ち上げ、その本部で戦略・戦術を決めて、各メンバーが一斉に動く。議員は、自分の選挙でなくても、大阪維新の会として勝たなければならない選挙であれば必死に動く。

ところが、ほとんどの国会議員は自分が当選するためだけに必死になってそれ以外は形だけ。カッコいい、目立つところしかやらない。

2012年、日本維新の会を結党して迎えた初めての国政選挙。日本維新の会には組織が全くない。そこで大阪維新の会の地方議員が全国を飛び回って選挙運動をやった。各候補者のほとんどは選挙なんて初めてというメンバーだから、僕が街頭演説で全国を回ろうにも、各候補者が現場を仕切ることができない。したがってそれらも全て、大阪維新の会の地方議員が担った。大阪府議会や市議会の議長を務めたり、党の幹事長を務めたりした大幹部が、大阪以外の各地方でロープを持ちながら雑踏整理やビラ配りをやっていた。

15年の大阪都構想の住民投票のときにも、大阪維新のメンバーはそれこそ死ぬ気で活動していたけど、様子を見に来た国会議員にロープを持つことを頼んだら、「俺、国会議員だけど」と言って断られたらしい。日本維新の会の国会議員は、今、全国的な活動として組織的に何をやっているのだろうか？　自分の選挙区回りだけに精を出しているようでは、いつまで経っても党の支持は広がらない。

さらに、例えば国会での質問ひとつをとっても、維新の戦略性は感じられなかった。

本来であれば、まずその国会質問での獲得目標を定めて、その目標獲得のためにどんなテーマを取り上げ、どのように政府与党を追及していくのか、またどのように自分たちの考える日本の新しい道を示していくのかを、党でしっかり決めなければならない。その上で、その戦略・戦術に基づいて、各議員が役割分担をしながら、一斉に質問を浴びせていく。党の色や方向性をしっかりと有権者に見せなければならない。

ところが、実際の国会質問では各議員、本当にバラバラ。それぞれの議員が、自分の好きな、関心のあるところだけを質問する。しかも自分なりの質問ができたり、一部のインターネット支持者から拍手喝采を浴びたりしたことで、二大政党の一翼を担うだけの支持を獲得したと勘違いしているからタチが悪い。

まとめる力、まとまる力の欠如

3つ目としては日本維新の会には、まとめる力、まとまる力が決定的に欠如していた。力の欠如は、新しく立ち上がった政党なのである意味仕方のないところでもあるが、問題は、まとめる力、まとまる力がないにもかかわらず、それを備えている自民党と同じような政治をしようとしたことだ。それは石原さんをはじめ自民党の重鎮たちが維新に参加したことで、彼らが勘違いをしてしまったことも原因だろう。

自民党のような人間関係に基づく決定ができないのなら、党内で激しく議論をして最後は多数決で決めるという民主主義の原則でやるしかない。たしかに原発輸出協定の賛否については僕と石原さんが賛否を明示して党内多数決で意見をまとめたけれど、それ以外で多数決によって決めたという話は聞かなかった。政治家は自民党的な政治が好きだ。自分には力があると信じたくて、自分の力でまとめようとする。しかしそれは人間関係の裏付けがなければできないことであり、ゆえに維新は多数決で決めることを原則とすべきであった。

むしろ党内で激しい議論を経た上で多数決で決めていくというやり方は、維新らしさとして有権者にアピールできたかもしれない。ただし政治の本質は人間関係力なので、この多数決はあくまで「過渡期」のやり方。党内での権力闘争で揉まれながらリーダー格の人材が育っていき、人間関係の積み重ねで最終的に物事がまとまる。自民党的に旧態依然の匂いがするが、多数決をやるにせよ、必ずこのような人間関係に基づく多数派工作というものが行われることになる。強い野党を目指すなら、自民党に負けない、まとめる力、まとまる力を備えなければならない。

当初の日本維新の会は僕と石原さんとでやっていたが、2014年に江田憲司さんのグループ（結いの党）と合流したことで、石原さんグループは「護憲勢力とは組めない」と反発して分党することになった。石原さんは政策の一致ということにあまりこだわらなかったことは先にも書いたが、結局、江田さん個人と組めなかったのだ。

石原さんと江田さんぐらいの政策の距離というのは、自民党の中では普通にあること。

自民党内には安倍首相のいう憲法9条改正に反対の人がゴロゴロいる。でも、自民党は一つにまとまっている。決して分裂しない。

強い野党を目指すならメンバー間において政策・信条・価値観に多少不一致があったとしても気にしないことだ。というよりも不一致がある方が多様性に富んでいると言える。最後に意見をまとめることが重要だ。

加えて、たとえどんなに嫌いな相手とでも、権力を握り自分たちの政治目的を達するためには手を組む。嫌いな相手や考えが合わない相手であっても党を別にするのではなく、一つの党内の権力闘争で倒していく。つまり、自ら多数を取り、相手を少数に追い込んで自分の意見を通していく。党を割れば権力は握れない。権力を握るために党は一つのままで、党内権力闘争で相手を倒していく。野党は、このようなことができる本物の政治家集団にならないと、自民党にはとてもじゃないが対抗できない。

「野党のままでは死ねない」覚悟

このように自民党がなぜ一つにまとまっているのか、なぜ分裂しないのか。それは権力を握るためだ。そして政治的な思いを実現するためだ。

政治というのは利益を受ける人、不利益を受ける人がはっきり出るもの。だから、双方の意見がぶつかれば、最後は生きるか死ぬかの戦いになる。激しく賛否が割れる大きな問題になればなるほど、朝日新聞、毎日新聞や自称インテリが言うように「話し合いや合意を大事に」などとやっていたら、問題の先送りばかりになり、地域が、日本が衰退していく。多数を取って自分の考えを推し進める。ダメなら有権者がNOを突き付ける。これが政治の本質。ここを見誤ったら絶対ダメだ。

自民党は「政権与党だから、看板の力が絶大だから割れない」というのはある意味事実。だが、そこだけを見て、野党が割れることの言い訳にしてはいけない。自民党の議員は当選することがゴールではなく、その後のことを考えている。政務官か、大臣か、それこそ総理か——権力を握って、自分の考えを実現する。この権力欲、名誉欲が圧倒的に強い。だから党を割って権力から遠ざかるようなことはしないし、野党に転落すれば、何が何でも権力を握るためにまとまってくる。一方で、維新もそうだが、野党議員は当選することで満足してしまう人が多い。議員という身分は非常に厚遇だから。

だから嫌いな人、合わない相手とは簡単に分かれて、小さな政党を作り、次回自分さえ当選すればいいとなってしまう。要するに野党議員は権力欲、名誉欲が自民党議員とは比較にならないほど弱い。これでは党がまとまる力に決定的な差が出るのは当然だ。

人の好き嫌いで分かれないための抑止は何か。それは権力闘争を常に繰り広げ、多数派工作をやっていることだ。内部で権力闘争があれば党はなかなか割れない。というのは、党内で少数になって出ていくほど政治家として恥ずかしいこと、求心力を下げる行動はないからだ。党を割る行動が「権力闘争に敗れた結果」と見なされれば、党を出にくくなるし、権力欲や名誉欲があれば、人の好き嫌いというのは二の次になる。

◆

日本維新の会が大きくなれなかったのは、そうした権力闘争や多数派工作が党内で盛んにならず、結局のところは学級代表の集まりのようなグループで、常に人の好き嫌いが話題に上がるような集団にすぎなかったからだと僕は思う。嫌いな相手は、権力闘争で倒しにかかる、そんな強さが維新には足りなかった。

では大臣や政務官などの役得のない野党の議員が、権力欲や名誉欲を強く持つにはどうすればいいのか。自民党に負けないハングリーな人間をいかにして集めるのか。

逆説的だが、それにはいちど権力を取り、行政を実際に動かすしかない。

有権者の思いを受け止め、それにこたえることの責任と使命感、そして実際に行政を動かした者しか体験しえないとてつもない達成感から、本物の権力欲と名誉欲が生まれる。自分の思ったことを実行できる、実現できるということを経験しないと、そこを目指すハングリーさなど生まれはしない。

選挙で地方の首長を勝ち取ることが大事だということは何度も話したが、いきなり国政で政権を取るのは無理でも、地方で行政を実際に動かすこと、自分たちの政策を実行して有権者に変化を見てもらうこと、民主政治のダイナミズムを知ることはきわめて重要だ。首長経験者は、強い野党を作るのに欠かせない人材になる。3年で終わったものの、民主党政権を担った人たちも貴重な存在だ。彼らがやはり出てこないと強い野党にならないと思う。小沢一郎さんなどは自民党中枢で権力を握った人だから、今の立場など不甲斐なくて仕方がないだろう。

野党議員のままでいるのは、極論を言えば、口だけのコメンテーターで終わるのと同じ。何のために政治家として生きてるのか？　と疑問を抱かなくてはならない。「野党のままでは死ねない」。その覚悟が絶対に必要だ。

さらに言えば、政治家としては新人でも、例えば民間企業の社長や役員として、ある程度大きな組織を実際にマネジメントした経験のある人材も貴重だ。口で正論を言っているだけのペーペーの係長ではなく、社会で組織を実際に動かし、社内の権力闘争に勝って、自分の思いを実行した経験のある人材だ。頭でっかちの自称政策通や、気持ちだけ空回りしている国士気取りはいらない。本当の意味で権力欲、名誉欲、ハングリーさが強いメンバーが集まってこないと強い野党はできない。それはどういう人間かと言えば「権力を持つということを実際に経験した人間」だ。

日本維新の会では、国会議員になっていることで満足してしまう議員が多すぎた。僕は大阪都構想のために、大阪の改革をやるために知事、市長をしていたので、国会議員とは意識のギャップがものすごくあった。僕の政策ややり方に賛成か反対かは別として、「橋下は大阪都構想をやりたいから、大阪の改革をやりたいから知事になっている、市長になっている」ということは、有権者の皆さんは感じてくれていたと思う。維新の国会議員からは、何が何でもこれを実現するために政治家になっているという気迫が、同じ党内にいる僕も感じられなかった。当然国民には伝わりっこない。

そんな国会議員ばかりだったと言うと、人材の問題だと言われそうだが、それも含めてすべての基本は、日ごろの日常活動からだ。地方で首長を必死になって勝ち取り、あるいは地方議会で多数を獲得して「自分たちの政策はこうだ」と実際に見せるところから始めなければならない。これからの野党を担う人材は、前述したような「経験者」に加えて、そうした地道な日常活動の積み重ねを行った者から出てくるだろう。

以上述べてきた維新の「失敗例」を反面教師に、野党の皆さんには強い野党を作ってもらいたい。

第6章　日本の新しい道

「自由」「開かれた社会」「新しい技術」「ルール重視」

国民が野党に求めるものは、自民党の政治に対して、ことごとく反対することではない。「これが本当に新しい日本だ」という、自民党が進めている政治とは決定的に異なる日本が進むべき道を打ち出していくことだと僕は思う。

現在の日本の選挙制度は、小選挙区制と比例代表制が並立するなど不完全な部分もあるが、二大政党制を志向している。与党と野党が異なる選択肢を提示し、最終的には有権者が選ぶことを想定している。

では、今の政権与党である自民党が提示している道は何だろうか。

それは大きく捉えれば、歴史、伝統を守り、「古き良き日本」であり続けることだ。そのときどきの状況に合わせて、看板政策こそフレキシブルに変えてきたが、根っこのところは「古き良き日本」の志向性があり、これがしょっちゅう顔を出してくる。

であれば野党は、この自民党が提示する「古き良き日本」とは全く異なる、古さを一切感じさせない、完全未来志向型の新しい道を示すべきだ。

もちろん、歴史や伝統は大切にしなければならない。先人が築きあげたもので、後世に引き継いでいくべきものはたくさんある。だから、自民党がそれらを日本の進むべき道の根底に据えることは、悪いことでも間違っていることでもない。

ここで言いたいのは、野党が有権者に示すべき日本の新しい道というものは、良いのか悪いのか、正しいのか間違っているのかの問題ではなく、与党自民党とは「決定的に異なる」と有権者が感じてくれる道だということだ。

自民党の提案する日本の道の根底が「古き良き日本」という分かりやすいものであるからこそ、野党は「未来志向型」の日本の道という、違いが分かりやすい選択肢を示すことができる。野党にとっては大チャンスだ。立憲民主党の枝野さんは「私は保守だ」なんて言っているみたいだが、保守かリベラルかなんてどうでもいい。「未来」を志向していると有権者にビンビンと感じさせるかどうかだ。

さらに言えば、自民党は、自分たちの古き良き日本という価値観を、国民全体に押し広げて行こうという「押し付け」の発想だ。そうであれば野党は、「国民に選択してもらう」という発想を根底とするべきだ。このようにすると与野党の違いがはっきりする。

そして現在、国民の間でホットな話題だったり、インテリたちが議論している社会問題だったり、問題提起すれば大きな話題になりそうな論点について、「未来志向」の雰囲気がビンビンと有権者に伝わる野党の考えをまとめていく。

個別の政策は、必ず未来志向の匂いがするものにする。個別の政策を集めていくほどに、その野党の未来志向の匂いが、強烈に鮮明になっていくように。

この未来志向の匂いを放つためのキーワードは4つの言葉――「自由」「開かれた社会」「新しい技術」「ルール重視」だ。

戸籍制度は撤廃し、マイナンバーで情報管理

「自由」という概念は、とても幅が広いが、今、自由がテーマになる政治的にホットなトピックと言えば、個人を縛り付ける属性からの自由だろう。例えば、選択的夫婦別姓、事実婚の容認、同性婚をはじめとするＬＧＢＴへの理解の促進だ。

これらの自由は、自民党の価値観と真っ向から対立する。ゆえに野党が有権者に示す選択肢としてはうってつけだ。自民党の主張は「家族を大切にしよう」「家族は一体であるべきだ」「家族とはお父さん、お母さん、子どもに、できればおじいちゃん、おばあちゃんが一緒に住むものだ」「夫婦関係は秩序あるものであるべきだ」というものだ。ここに「古き良き日本」という価値観が顔を出す。

さらには、その趣旨を、本来権力を適切に行使させるための憲法にまで明記しようとしている。でも、いちいち憲法にまで明記してもらわなくても、政治家にそんなことを言われなくても、家族を大切にすることなんて当たり前だと思っている有権者も多いだろう。だから野党は、そのように感じている有権者のしっかりとした受け皿になるべきだ。そして姓をどのように名乗るか、法律上の結婚の形式をとるか、どのような性的指向か、すべては個人の自由だと訴えればいい。

自民党には前述したように、家族はどうあるべきか、結婚はどうあるべきか、という考えがある。そしてそれを他者にも押し付ける。

そうであれば野党は、自分には一定の考えがあったとしても、他人がどのように考えるかは全く自由だという、未来志向の匂いのする選択肢を有権者に示す。

ここからは私見でもあるが、憲法24条が「婚姻は両性の合意のみに基づいて成立する」としていることをもって、憲法は同性婚を禁じていると主張することはバカげている。そのように主張することの多い自民党議員は、憲法9条2項が「その他の戦力は、これを保持しない」という明確な規定があるにもかかわらず、解釈によって自衛隊を保有することは合憲であり、個別的自衛権を超えて自衛隊の活動範囲も広げる解釈までしている。

その伝で言うなら、憲法24条は「同性婚を排除していない」という解釈はいくらでもできる。そもそも憲法24条は制定当時、本人たちの意思に反する結婚が多かったことから定められた。ゆえに「合意」というところに重要な意味があるのであり、「両性」という記載は、当時同性婚というものがあまり問題に上がっておらず、それを想定していなかっただけであると解釈できる。未来志向的には、どんな性の者を愛するのも自由なはずだ。

また夫婦別姓について、自民党は「夫婦が同じ姓だからこそ家族の一体感が保てる」などと、これまたバカげたことを言っている。家族をつなげているのは、姓でも血でもない。愛情だ。姓が同じでも血縁関係があっても、破綻する家族は破綻する。姓の同一と家族の一体感は何ら関係ない。

そもそも、先進国で夫婦同姓を強制する制度を設けているのは、日本くらいだ。夫婦同姓を強制していない日本以外の諸国には家族の絆というものがないというのだろうか。

法律婚ではない事実婚だって、夫婦の絆には関係ない。夫婦の形にはいろいろある。事実婚の問題として、子どもが生まれた場合の親権をどうするのか、病気になったときの手術同意書には親族しかサインできない病院があるが、それはどうするのか、相続権はどうするのか——などを挙げる人がいる。しかし、答えは簡単。事実婚を制度として認めた上で、これらの問題に一つ一つ制度を考えればいいだけだ。制度変更するだけで解決できる。

フランスではPACS（民事連帯契約）という制度を導入している。PACSは異性、同性にかかわらず、パートナー同士が共同生活を送るためになされる契約。法律婚した夫婦とほぼ同等の権利が認められ、そのなかには相続も含まれる。そして、その解消には一方の意思表示だけで足り、面倒な手続きはいらない。

結局のところ、法律婚とは、配偶者の地位を安定させ、子どもの親権、税制の特典、相続権などを一つのパッケージにした制度。もちろん、事実婚では認められない権利もあるだろう。そうであれば、その権利は除いた上で、事実婚を制度として認め、あとは国民に選択してもらえばいい。

夫婦の形態、家族の形態はいろいろある。国会議員が、国民に対して、特定の形態を押し付けるべきではない。それらはすべて、国民の選択に委ねるべきだ。

選択的夫婦別姓を認め、さらに、日本にいまだ存在する差別問題を完全になくすためにも今の戸籍制度は廃止する。戸籍は政府が国民を管理するためのツールだが、時代遅れもはなはだしい。家族単位の管理で、出生地という社会生活において全く使われることのない意味のない情報の記載もある。家族単位の管理で夫婦同姓が強制され、出生地によって言われのない差別を受ける。そもそも戸籍は法務省、住民票は総務省と二重システムを保有していることが壮大なムダ。

「戸籍に代わる国民管理ツールとしては「新しい技術」をフル活用すればいい。現在、国民全員に配布されているマイナンバーを活用し、今の戸籍情報で必要なものをマイナンバーに付加すれば、戸籍制度は完全に不要になる。マイナンバーであれば個人管理なので夫婦同姓は強要されず、出生地情報を外せば日本から出生地差別問題は直ちになくなり、外国人も同じように管理できて、そして戸籍業務にかかわっている組織を廃止できる。

さらにICT（情報通信技術）と組み合わせ、運転免許や保険証、銀行口座、医療診療記録、パスポート、許認可類、不動産取引などといったさまざまな個人情報を紐づけていけば、行政は効率化されて国民の利便性が爆発的に高まり、役所の窓口業務も簡略化されて大幅な経費削減もできるだろう。

マイナンバー制度の成功事例として世界的に知られているのが、エストニアの「国民ID」だ。国民IDを使って、銀行口座へのアクセス、医療診断記録の管理、会社の登記、電子納税、インターネットでの選挙の投票など、様々なことが効率よくできるようになっている。エストニアではさらに公職者の給料がすべて一般公開されるようになり、旧ソビエト時代から続いていた贈収賄が激減したともいう。

おそらく、今の自民党では、エストニアのような思い切ったマイナンバー制度の導入を提案できないだろう。それは業務が効率化することによって、その役所組織が廃止の憂き目に遭い、クビを切られるかもしれないという人たちが猛反発するからである。改革をするにあたってのいつもの抵抗だ。

だからこそ野党にとってはチャンスだ。セキュリティーを徹底することを大前提としながら、マイナンバー制度をフル活用した「新しい技術」に基づいた新しい管理制度を打ち出し、古い因習や差別を一掃し、大胆な行政効率化を推進して国民の利便性を高め、大幅な経費削減を実現する。そのためにも野党は、改革に反対する特定の業界団体などを固定の支持層にしてはいけない。

これこそ自民党との差別化ができる、未来志向の匂いをプンプン放つ新しい日本の道だ。


外国人に国を開き、日本を強靭にイノベーティブに

「自由」と同じように、「開かれた社会」の概念も広いが、今、その概念でホットな話題と言えば、やはり外国人労働者の問題だ。

法務省によると、2017年末時点の在留外国人数は256万1848人で、前年比7・5%増加。3年連続で過去最高を更新したという。

また、厚生労働省が発表した、日本国内で雇用されている外国人労働者の数は、2017年10月末で127万8670人。日本国内の全就業者のうち約50人に1人が外国人という計算になる。OECDのデータベースによれば、日本には2015年時点で年間39万人以上の外国人が流入し、ドイツ、アメリカ、イギリスに続いて第4位にランクインしている。

こうしたデータを見れば、日本が事実上の移民大国になりつつあるのがわかる。

2008年に自民党の外国人材交流推進議員連盟は、「今後50年間で1000万人の移民を受け入れる」と提言した。でも、その後具体的な動きはない。自民党議員の多くは、日本の歴史、伝統、文化を破壊する可能性があるとして移民の受け入れには消極的だ。ここにも「古き良き日本」という価値観が顔を出す。

ところが、日本の人口減少が現実のものとなり、多くの業種で労働力が不足しているという事態を受けて、政府は外国人技能実習生の就労期間の延長や、農業、建設などの5分野で単純労働を認める方策を採り、2025年までに50万人を受け入れる方針を示している。さらに対象事業も拡大する予定だ。

しかし、このような泥縄式の策をどこまで講じたとしても、自民党は外国人の受け入れ策、すなわち移民政策を真正面から認めることはできない。それは自民党の支持層にそのような考えの人が多いからだろう。その結果、外国人労働者は居住移転の自由や職業選択の自由を奪われ、低賃金で働かされる。前近代的な半奴隷制度にほかならない。

ここが、野党が新しい日本の道を示す大チャンスである。野党は外国人労働者を単純な労働力補充と見るべきではない。日本を強靭にするため、そしてイノベーションを生むため、社会の多様性を推進するための人材と見るべきである。

ゆえに野党は、外国人には積極的に国を開く。ただし日本社会の一員になってもらうための厳格なルールを設けていくという日本の新しい道を示す。欧米では移民政策について試行錯誤しており、数多くの課題も明らかになっている。それらを参照して、自民党の道とは異なる、未来志向の匂いをプンプン放つ移民政策を有権者に提示すべきだ。

本当に日本に必要な働き方改革とは

開かれた社会であるためには、国民の多くが働く企業も、開かれた存在でなければならない。僕の考える「開かれた企業」とは、やる気や能力ある人には誰にでもチャンスが与えられ、人材の流動性のある企業のことだ。

2018年6月にいわゆる「働き方改革」法が成立したが、日本維新の会は条件付き賛成に回った。その条件とは同法が定める「高度プロフェッショナル制度（高プロ）」についてのものだ。高プロとは、年収1075万円以上の一部の業種について、労働基準法による労働時間・休日等規制の対象から外し、残業代の支払いが不要になるという制度。維新がこだわったのは、高プロ制度に当てはまる人であってもその適用には「本人の同意」を必要とする点と、一度制度の適用を受けた人が本人の意思でその制度から離脱する手続きを定めること。法律にその修正が盛り込まれた。

政府与党が修正に応じるというのは、永田町では野党にとって大金星なのかもしれないが、有権者にとっては修正したという事実自体はどうでもよく、修正の「中身」が関心事であり、修正の「中身」が未来志向型の匂いをプンプン放つものでなければ、有権者の支持は広がらない。

この点、日本維新の会は残念ながら修正の事実だけで喜んでしまい、修正の中身は極めて陳腐なものだった。この修正があってもなくても、本人の意思を尊重することは当たり前のことだし、そもそも自民党自体がすでにこの修正を考えており、維新という野党の賛成を取り付けるために、修正要求に応じた形をとって維新に花を持たせたに過ぎない。

このような雰囲気を、賢明な有権者は直感で察知する。日本維新の会は政府与党に是々非々という立場を主張しているが、そのように認識しているのは維新メンバーだけであって、有権者には維新と自民党の違いがまったく分からない。ここに日本維新の会の支持が広がらない決定的要因があるが、永田町で生活している議員たちは気付かない。

野党が政府与党に修正を求めるなら、その修正案の「中身」が未来志向であると感じさせ、これこそが自民党の道とは決定的に異なる日本の新しい道であると国民に感じてもらえるものでなければならない。

政府与党が示した働き方改革の中で、最も足りないところは、「解雇規制の緩和」の部分であると僕は考えている。そう言うと、すぐに「クビ切り奨励」などとメディアや世間から猛反発を受けるだろう。ゆえに自民党は解雇規制の緩和を避けた。

しかし、自民党が世間の反発を気にして及び腰になるところだからこそ、野党にとってチャンスなのだ。世間の誤解を解きながら、未来志向の匂いをプンプン放つ可能性が眠っている。確かに解雇規制の緩和というと、「現在の」労働者にとっては地位が不安定になる側面がある。しかし「未来の」労働者にとっては働くチャンスが著しく広がる。

現行の労働基準法は、現在企業で働いている正規労働者の地位を強く守るものになっている。このように正規労働者を手厚く保護すると、当人は安心できるだろう。しかし、他にやる気や能力がある人、そして若い世代、将来世代などにチャンスが回ってきづらくなるという面がある。つまり、転職を考えている人や非正規労働者、そして現在就職できていない人やこれから社会人になる世代のチャンスを狭めている点は否定できない。

この働くチャンスをもっと公平・平等にするには、人材の流動性・雇用市場の流動性を今よりも高めるほかない。これは歴代の既存政党が皆、口では主張してきたが、抜本的な改革に踏み出すことはせず、結局、流動性は高まっていない。

人材の流動性・雇用市場の流動性を高める改革の本丸こそが、解雇規制の緩和だ。雇い主としては社員を今よりも辞めさせやすくなる。その分、新たな人材を招き入れることができる。働いている人は転職しやすくなり、これから働く人にとってはチャンスが著しく広がる。政府与党がこれまで示してきた雇用の流動性を高める改革など、とりあえずやってますよ、ということだけを示す取り繕い策に過ぎない。

そして、雇用市場の流動性を高めることこそが、労働環境を改善することに最も効果がある。今回の政府与党の働き方改革法は、残業規制の強化を柱の一つとした。しかし、なぜ労働者が長時間残業を強いられるかと言えば、解雇規制があるがゆえに雇用市場の流動性が低く、雇用主と労働者の関係が永続的なものとなり、労働者は現在の労働環境に我慢せざるを得ない状況に陥っているからだ。つまり半奴隷状態のようなものだ。

雇用主としては労働者に逃げられる可能性が低く、労働者としては他の職場に逃げる余地が少ない。こうなると、雇用主が必死になって労働環境を改善しようという動機が働かなくなる。残業を少なくし、有給・産休・育休を取りやすくし、さらにはセクハラ・パワハラの環境を改善するという雇用主の動機は、労働者に逃げられる恐れが現実となったとき強烈に働き始める。労働環境の改善は、「労働者が逃げる環境を整える」ことが最も効果的だ。雇用主は逃げられないように必死になる。

賃金の上昇をどう実現するか

そしてこのことは当然、賃金の上昇につながる。

いま、安倍政権はアベノミクスでデフレ脱却を目指し、日本の経済成長を実現しようとしている。確かに失業率は低下し、有効求人倍率は上昇、企業収益も実質賃金も、かつての下降状況からは抜け出したとも言える。しかしこれは、大規模な金融緩和という極端に人為的な金融政策によって生まれたものかもしれないし、まだまだ日本経済が力強さを発揮しているとは言えない。

安倍首相も言っているように、重要なポイントは、賃金の上昇だ。日本のGDPの6割を占める個人消費が熱を帯びない限り、日本経済は真の意味での力強さを発揮しない。ところが賃金は、安倍さんが経済界に毎年働きかけることや、最低賃金額をアップさせることでかろうじて上昇しているものの、日本の経済力から自発的にどんどん上昇しているとは思えない。たしかに、国内企業の純利益は50兆円（16年度末）で5年前（11年度末）の2・6倍となり、現金預金は211兆円で48兆円も増えた。しかし、企業収益が賃金に回る割合である労働分配率は大企業で43％程度とあまり上昇していない。つまり、企業は儲けをきちんと賃金に回していないのだ。この点、企業側はいろいろ理由を付けるが、いずれにせよ企業が自発的に賃金を上昇させる環境を作ることが政治の役割だ。

その環境を作る上で核心的なのが、「労働者が逃げる環境を整備する」すなわち雇用市場の流動性を高めることだ。流動性が高まれば、企業側は優秀な労働者に逃げられないように、できる限り賃金を上げていくだろう。

働き方改革法で、不適切なデータ問題が露呈していったん取り下げとなった裁量労働制やその流れの高プロ制度は、労働時間ではなく仕事の成果で評価しようとする制度だ。ゆえに反対派からは、長時間残業につながるという懸念が示されている。

しかしこの問題も、結局は雇用市場の流動性の問題に帰着する。流動性が高まれば、結局は個人の選択の問題になるからだ。職場が合わなければ辞めて転職すればいい。

こう見ると、いま問題視されている労働環境の悪の部分は、すべて雇用市場の流動性が低いことが原因となっている。

もちろん、労働者の地位を守る規制が不要だと言っているわけでない。残業規制も休日の確保も、最低賃金制度も必要だし、政治が経済界に賃金上昇の働きかけをすることも必要な場合がある。しかし、いくらルールを定めたからといって、実態がルールを守れるような状況でなければ、実態の改善はなかなか進まない。摘発されなければいいという意識が蔓延《まんえん》し、実態が何も改善されないのが最悪だ。

今、労働市場の流動性を高める抜本策としての解雇規制の緩和に踏み込まず、様々なルールで環境を改善しようと試みているが、これは健康を害するほど体重をオーバーしている人が、身体が動きにくくなったからといって筋トレに励み、血糖値を下げるためにインシュリンを打ち、血圧やコレステロール値を下げるために様々な薬を飲み続けているのと同じような状況だ。このような人にはたった一言「体重を落とせ」と言うだけでいい。

今の労働問題を抜本的に解決するセンターピンは、解雇規制の緩和だ。

さらに労働市場の流動性は、イノベーションを生む。動きや摩擦からエネルギーが発せられるのであり、静からエネルギーは生まれない。企業にいろいろな人材が次から次へとやってくることで、その企業からイノベーションが生まれ、そして国全体で人材が流動することで、国にもイノベーションが生まれる素地ができるだろう。人材の流動性が高まれば労働者間の切磋琢磨も生じるからだ。

◆

新しいものを生むためには古いもの、合わないものの除去が必要である。起業率が高い国は廃業率も高い。新しい細胞が生まれるためには、古い細胞が除去されなければならない。これまで日本は廃業をいかに避けるか、潰れる企業をいかに救うか、という視点で政策を構築してきた。にもかかわらず、日本にはなかなかイノベーションが生まれないとボヤく。イノベーションを生むためには、いかに市場に合わない企業を退出させるかという視点での政策構築が欠かせないが、自民党にはそんなことは言えない。労働市場でも同じである。新しい人を迎え入れるためには、合わない人に去ってもらうしかない。

真の働き方改革、イノベーションの創出には、解雇規制の緩和が必要である。しかし自民党はこれを打ち出せない。「クビ切り奨励」の批判を乗り越える気迫と覚悟がない。ゆえに様々なルールや制度を作って対応しようとする。イノベーションの創出も役人が作ったアイデアで対応しようとする。そもそも政治家や役人に、イノベーションなど起こせるわけがない。

野党にとっては大チャンスなのだ。現在の安定した雇用関係に安住したい正規労働者からは、猛反発を食らうことは必至だ。だから野党は、労働組合と一定の距離を保たなければならない。そして一定のルールや制度を構築することは前提としつつ、転職を考えている人や非正規労働者、まだ就職できていない人、将来世代にチャンスを与える。企業側も、優秀な労働者を確保し逃げられないようにするために必死に労働環境を改善し、賃金も上げる。さらに労働者どうしが切磋琢磨をしてイノベーションを生んでいく。

野党は今の日本経済、雇用、そして人々のマインドを根本的に変えるためには労働市場の流動性を高める必要があり、そのためには解雇規制の緩和が必要だ――。こう日本の新しい道を示すべきだ。未来志向の匂いがプンプンしてくるのではないだろうか。

切磋琢磨が基本、失敗した人も十二分に救う

これまで、自民党とは異なる日本の新しい道を示すために、「自由」「開かれた社会」「新しい技術」というキーワードを駆使してきたが、これらは個人間、団体間の切磋琢磨を生むための土台である。

切磋琢磨というフレーズを、堂々と主張できる政治家や政党は少ないと思う。自民党でも及び腰になるだろう。それは、切磋琢磨とは「競争」とある意味同義語で、敗者の存在を前提とするからだ。強調すれば、競争至上主義！　弱者切り捨て！　との批判を浴びることは必至だ。切磋琢磨を強調する政治家には、冷たいイメージがつく。

だから政治家の多くは、弱者への優しさを強調する。また「誰もがチャレンジできる社会へ」と誰からも批判は受けないが、インパクトも全くないメッセージを発する。

最近は切磋琢磨や競争というものを否定するのが流行りなのか、国の経済成長も否定する政治家が多い。特に野党側に多いようだ。

そもそも、超少子高齢化時代に突入し人口減少が加速する日本では、経済を現状維持にすること自体、ハードルが高い。そして経済が衰退していくと、医療、年金、介護などの

福祉政策や生活保護などのセーフティーネット政策も維持できなくなる。確かに日本は成熟国家なのだから、高度成長時代のようにガンガン成長することは不可能だという主張にも理があるが、しかし高い目標を設定して死にもの狂いに頑張って、やっと少しの成長か現状維持がはかられるのが、現実社会ではないだろうか。

学者にはこの当たり前の感覚が分からないだろうが、民間企業で頑張っている人はみな分かるだろう。経営目標や売り上げ目標は高めに設定する。それを達成するために組織をあげて号令をかけて頑張って、やっと達成できるかどうか。達成できない場合も多い。号令や頑張りを止めれば、あっという間に民間企業は市場から退出を迫られる。国の経済運営も同じようなものだ。成長の目標をしっかりと定め、号令をかけて頑張らなければ、現状維持ですら危うい。そうすると社会保障制度も崩壊する。

では、国の経済成長の源泉は何か。今の安倍政権・自民党は、成長戦略を作り続け、政治行政の力で国の経済を引っ張る色彩が濃い。成長戦略が実現できるかどうかは、国民の頑張り、企業の頑張りが本質で、頑張ってもらうには歴史が証明する通り、切磋琢磨・競争が本質的なところであるのに、安倍政権・自民党はここを正面に打ち出さない。かつて小泉政権が掲げた競争重視の姿勢が、「新自由主義」とレッテルを貼られて激しい批判を浴びたことに懲りているのだろう。ゆえに「国民の誰もがチャレンジできる社会」というマイルドな言葉でお茶を濁している。

だからこそ、野党にはチャンスなのだ。

国の経済を少なくとも現状維持、あわよくば成長に持っていくためには、結局は国民、企業が頑張るしかなく、そこは切磋琢磨・競争が必要不可欠である。切磋琢磨する中で質が上がり、イノベーションが生み出され、国際競争力が高まり、国の経済力が強くなっていく。このことを野党は堂々と国民に訴えていくべきだ。

資産のある高齢者は「支える側」だ

もちろん、どの政治家も、どの政党も「所得の再分配」による格差の是正や、福祉政策そしてセーフティーネット政策を主張する。問題はその主張の仕方、政策の組み立て方、日本の進むべき道の示し方だ。

たとえば、国民民主党の前原さんは、再分配を基軸にした社会のあり方を「オール・フォー・オール」という考え方でまとめている。所得のあるなしにかかわらず、国民全員が支える立場になり、支えられる立場にもなるという考えを柱としている。皆が応分の支出をし、皆が受益者になる。このことによって、支える側と支えられる側の分断がなくなるという。

このような表現は非常に優しいし、棘《とげ》がない。ゆえに激烈な反発を生まないかもしれない。しかし、日本の国民は賢明だ。真実をごまかすきれいな言葉には、強烈な反応をしてくれない。すなわち反発もなければ支持もないという状態に陥りやすい。

支え合いは必要だし、重要だ。しかしそれが自己目的化してもいいのだろうか。支え合いで国の経済は強くなっていくのか。そして本質的なところは、ある人は支出よりももらう額が多く、ある人はもらう額よりも支出の方が多いという状態を、「みんなで支え合う」と表現してもいいのだろうか。

もし皆が同じ額を支出して、同じ額をもらうのであれば、全員での支え合いに間違いはない。しかしそれでは、所得の再分配にはならない。所得の再分配という以上は、もらう額が多い人と、支出額が多い人が必ず存在する。それは明らかに支える側と支えられる側が存在することであって、その分断回避のために「オール・フォー・オール」という言葉で包み込むのは、僕にはごまかしにしか聞こえない。

所得の再分配という以上は、支える側と支えられる側が存在するのは厳然たる事実。そして国家運営のことを考えれば、国民の皆さんにはできる限り、支える側に回ってもらわなければ困る。もちろん支える側の方が偉いとか、そういった優劣や価値観を作ることは国家運営としてはご法度だ。支えられる側が不合理な非難を受けるような社会は、不安定化して著しい損失が生じる。

僕は国の経済を強くするためには、個人の頑張り、企業の頑張りがどうしても必要で、そのためには切磋琢磨が重要だと思うが、個人がリスクをとってチャレンジするには、いざ失敗したときには救ってくれるしっかりとした安全網・セーフティーネットが張り巡らされていることが必要だと思う。

サーカスの空中ブランコの下には落下防止ネットが張られているが、それは万一ブランコから落ちても助かるようにするため。ネットがあるからこそ、思い切って新しい大技にチャレンジすることができる。決して落下防止ネットを張ること自体が目的ではない。

「オール・フォー・オール」や「支え合い」というフレーズには、それ自体を目的とし、まるで落下防止ネットで救われることが目的のように感じてしまう。そして「オール・フォー・オール」の考えだと、支えられる側のように見えると、実は支えるだけの力があっても支える側に回ってもらいにくい。資産のある高齢者のような場合だ。支える側、支えられる側という一定の区別があるからこそ、その国民にどちらの立場に立ってもらうのかを決める制度を作りやすい。

資産のある高齢者は、支える側に立ってもらわなければ困る。しかし「オール・フォー・オール」というフレーズは、資産のある高齢者はどちらの立場なのかをはっきりさせない。そうすると資産のある高齢者には負担を求めないのか、仮に求めるならそれはどういう理屈なのか、またごまかしのフレーズを使わなければならないのではないか。

政治家は国民のリーダーだ。国民に大号令をかけて、国民に動いてもらう。その際、現実の実態をごまかすメッセージほど、国民が白けることはない。

教育無償化やベーシックインカムの議論を

もし国の経済を強くする必要がないと考えるのであれば、それをはっきり言えばいい。そして支え合いを自己目的化することもいいだろう。しかし経済を強くすることが必要なのであれば、そこは国民に頑張ってもらうしかない。企業経営でもそうだが、社員に頑張れと言わない経営者などいない。そして頑張ってもらうためには、切磋琢磨・競争の環境が必要になる。切磋琢磨・競争環境がないところではどのような状況になるか、それは国営企業や公務員が手掛ける事業を見れば、その悲惨さは一目瞭然だ。

だから、切磋琢磨というものをど真ん中の柱に据え置かなければならない。そして切磋琢磨によってどんどん新しいチャレンジをしてもらうためには、失敗したとき、また切磋琢磨の土俵にそもそも上がれない人を十二分に救う安全網が必要だ。この安全網を強化すればするほど、多くの人が、リスクをとった大胆なチャレンジをすることができる。

またこの切磋琢磨の土俵には、国民のだれもが公平・公正・平等に上がることのできるチャンスを与えられなければならない。特定の人だけではなく、あらゆる人材が切磋琢磨の土俵に上がることによって、その切磋琢磨の質は上がる。さらに、安全網に支えられる側はそのことを恐縮することはないが、それでも日本の国の経済を強くするために、支える側に回る努力は怠らないでほしい。そして支える側は、自分がチャレンジに失敗したときに救ってもらう一種の保険、投資だという思いで、しっかりと負担・納税して欲しい。

どうだろう。このメッセージにはごまかしは一切ない。競争主義だ、弱肉強食だと簡単にレッテルを貼られることも織り込み済みで、あえて国民に訴えかける。「誰もがチャレンジできる社会」というように、毒にも薬にもならないメッセージではない。相当なインパクトがあると思う。そして経済成長は不要、みんなで支え合って支える側と支えられる側の分断をなくす、という優しい甘い言葉もない。

しかし、日本がこれから歩んでいかなければならない道がどんなものであるか、強い衝撃をもって感じてもらえるのではないだろうか？——一言で言えば、国民の皆さん、みんなで一生懸命頑張りましょうということだ。少なくとも自民党が示す道や、前原さんの「皆で支え合いましょう」という道とは異なることを感じてもらえると思う。

そして、この自民党とは決定的に異なる日本の新しい道の中に、教育無償化政策や今後議論が白熱化するベーシックインカム（全国民への最低限の所得保障）なども位置付けて説明していく。

個人の話だけでなく、各地方自治体も同じだ。各地方自治体が責任を持って切磋琢磨する上でも、地方分権、道州制という新しい国の枠組みが必要であり、地方をできる限り自立させていこうという考えになる。そして今は中央政府から各地方に対する「仕送り」のようになっている補助金や地方交付税交付金は、各地方が切磋琢磨をする上での「セーフティーネット」として再構築する道を模索することになる。

各政党で考えている医療・福祉・教育・生活保護などの政策は、実際のところそれほどの差はないのかもしれない。しかし、それら個別の政策を集積したものによって日本はどういう道を歩んでいくのか。この点の説明の仕方、メッセージの出し方は、各政党で大いに異なってくると思う。そしてこの説明の仕方、メッセージの出し方いかんによって有権者をどれだけ引きつけることができるかが決まってくる。野党の勝負どころだ。

すべては「ルール」のもとで

権力は使い方を誤ると恐ろしい。これは知事・市長として権力を握った実体験から、痛切に感じる。国民の自由や権利を簡単に奪うことができるし、権力者が自分の意図でいくらでも社会を動かすことができてしまう。だから、権力者に権力を適切に行使させる「ルール」が必要になる。さらにルールのない切磋琢磨は、単なる野蛮な弱肉強食になってしまう。ゆえに適切な切磋琢磨にする公平・公正なルールが必要となる。このようなことから「ルールを重視」した政治が重要なのだ。

そういうことで、僕は大阪府政、大阪市政においては常にルールを重視しながら、かじ取りを行ってきた。外から見ると、僕の独断のように見えたかもしれないことも、そのすべては実際にはルールを重視したものだった。ここは僕自身が、法律家ということも影響していたのだと思う。

例えば、僕が大阪府知事のときに、朝鮮高級学校に対する補助金を打ち切った際は、「子どもの教育の権利を奪うな！」などといって散々叩かれた。

当時の大阪では、私立学校に対する補助金のルールはお金の配り方がメインで、その学校が政治色を帯びた場合にはどうするのかについては明確ではなかった。ゆえに最後は知事の政治判断に任されていたことになる。当時、北朝鮮がミサイルを発射したり、拉致問題の解決に進展がなかったりして、大阪府民からも、そんな北朝鮮と関係のある朝鮮高校に府民の税金を入れることはけしからん！　という声も上がっていた。

ただし何のルールもない中で、これまで交付されてきた学校運営の補助金を知事の判断一つで打ち切るのは、権力の行使として適切と言えるのかと疑問を抱いた。そこで僕は、朝鮮高校という学校を狙い撃ちするのではなく、政治色を帯びた学校への補助金はどうすればいいのかという、一般的な公平・公正なルールを作ろうと考えた。

僕は担当部局に指示し、専門家の知恵を借りながら議論を重ね、1年かけて補助金交付のための次の「4つの条件」をルール化した。

・財政の透明性が確保されていること
・特定の政治団体と一線を画すこと

・特定の政治指導者を崇拝しないこと
・日本の学習指導要領に準じた教育活動を行うこと
これらの条件を朝鮮高校に照らし合わせたところ、最初は4つともクリアーしていなかった。そこで、学校側と話し合い、担当部局が粘り強く調整を行っていった。当初は難色を示していた学校側もしだいにこちらの意図、考えを理解してくれ、財政の透明化を実施し、学校幹部が在日本朝鮮人総連合会（朝鮮総連）という政治団体の幹部を兼ねることを止め、そして教科書内容の是正というところも府の指導に従ってくれた。

最後まで残ったのが、北朝鮮の建国の父である金日成国家主席らの肖像画を学校から外すこと。「金日成氏は、在日朝鮮人が苦しい時代に、お金を出して学校を作ってくれた恩人。これだけは外せない」というのが学校側の主張だ。それでも、子供たちが学ぶ教室に飾ってある肖像画は外してもいいというところまで妥協してくれた。

しかし、そうしたやりとりのさなか、朝鮮学校の生徒が北朝鮮で「指導者に永遠の忠誠を誓う」式典に参加していたという新聞報道があった。そして式典主催者に関する資料の提供を求める府の要請を学園側が拒んだ。

このような流れから大阪府議会の大阪維新の会が、校長室に飾ってある肖像画も外さなければ、補助金支出は認めないという意見を出した。学校側は、校長室の肖像画は子供たちの目に触れないので、これは外す必要はないと拒否した。

このような経緯で、僕は最終的に、特定の政治指導者を崇拝しないことという条件を満たさないとして2011年度から補助金の打ち切りを決めた。

この補助金の打ち切りに関して、激しい批判を浴びたのは前述の通り。今の日朝関係の状況からすると、感情的に朝鮮高校への補助金を出したくないと府民が感じることも理解できる。しかし、子供たちの教育環境を一方的に壊すわけにもいかない。だからこそルールが必要だ。

大阪の朝鮮高級学校の例で言えば、ルールの条件を満たさなかったので補助金は打ち切った。しかし逆に言えば、ルールの条件を満たせば、北朝鮮がミサイルをどれだけ日本方面に発射して日朝関係が緊迫しようが、大阪府は朝鮮高校に補助金を交付することになる。これがルールを重視する政治というものだ。

僕は補助金を打ち切ったことで、教育への政治介入だ！　と言われた。それは違う。ルールを設定することが政治家の役割だ。現在、朝鮮学校へ補助金を出している自治体でも、北朝鮮情勢の緊迫状況いかんで、いつでも知事の判断一つで補助金の交付を止めることができる。だからこそルールを定めることが正しい道だ。

「君が代」職員起立条例の理由

もう一つの例として、これも朝日新聞や毎日新聞にはこっぴどく批判されたことだが、府知事時代の2011年、卒業式などの行事において国歌「君が代」を斉唱する際、教員に起立を義務付ける条例を定め、これに反して起立しない教員は処分する方針とした。これもルールを重視した政治である。

そもそも2002年の段階で、大阪府の教育行政の最高意思決定機関である大阪府教育委員会は「卒業式などで国歌を歌う際には、教員は起立すること」というルールを決定した。当時、一部教員が起立しないことに対して世間から批判を浴び、教育委員会も起立を義務付けるルールを決定せざるをえなかったのだろう。

ところが、ルールができたにもかかわらず、そのルールを守らない教員が大阪にはたくさんいた。それはルール違反があっても、教育委員会は注意するだけで何のペナルティーも与えないため、教員は好き勝手にやっていたのだ。この君が代の起立斉唱を教員に義務付けることは、賛否をめぐって大論争になっており、教育委員会は違反教員を処分したときに予測される批判にビビってしまい、処分するまでの覚悟がなかったのだろう。

しかし教育とは、子供たちにルールを教える場である。その教育の現場で教員が公然とルールを無視し、それを指導する立場である教育委員会が見て見ぬふりをする。大阪の教育には問題が山積していた。それら問題の全ての原因とまでは言わないにせよ、それでも大阪のこのルール無視を見逃す教育行政の体質が、大阪の教育問題の根っこにあることを僕は感じた。

教育委員会が決めたルールを教員に守らせるためには、どうしたらいいか。教育委員会がしっかりとやってくれれば一番だが、教育委員会は処分まではできないと言い張る。だからといって、知事である僕が、教員の給料の予算を止めたり、厳罰を下すような措置をとったりすれば、それこそ権力の濫用だ。

そこで僕は、ルールを条例化することにした。教育委員会の内部のルールではなく、府民の代表である府議会の審議に基づく、大阪府のルールにしたのである。さすがにこのルール違反について教育委員会は無視するわけにはいかない。無視すれば大阪府のルールを無視することになるからだ。すなわち僕は、内部ルールのままでは動こうとしない教育委員会を動かすために条例化という方法をとった。そして条例違反の教員については、教育委員会はしっかりと処分するようになった。

この点について、朝日新聞や毎日新聞が、「思想・良心の自由の侵害でないか」と批判してきた。思想・良心の自由が保障されていても、組織の一定のルールを守ることは当然である。思想・良心の自由でどんなルールでも拒否できるのであれば、社会は成り立たない。僕は「思想・良心の問題ではなく、教育委員会が決めたルールなんだから、組織マネジメントして教員にそのルールを守らせるのは当然だ」と主張した。「もし起立斉唱がダメと言うなら、教育委員会が卒業式等の国歌斉唱について教員の着席も認めるというルールにすればいいだけ」と補足した。教育委員会はそんなルールを決定できるわけがない。

そして朝日新聞や毎日新聞は、政治家が教員に起立斉唱を求めると大騒ぎして反対してくるのに、教育委員会がそれを決定することには文句を言わない。不思議なものだ。

僕は、国民全員が「起立して歌うべき」とは一言も言っていないし、トランプ大統領みたいに「スポーツ選手は立って国歌を歌え」などとも言っていない。大阪府の教員だってプライベートの場なら、立とうが座ろうが好きにしたらいい。

ただし、教員として勤務するオンタイムのときに、しかも子供たちの晴れの舞台である卒業式等の場で国歌を歌うときには起立するのが当然で、組織の長としてはきちんと教員を起立させるのが組織マネジメントだと思う。これは単なるお行儀の問題で思想・良心の問題ではない。お行儀の悪い従業員の行儀を正すのは、組織の長の責任である。

この問題は、国旗・国歌は戦争を賛美しているのではないか、起立斉唱の強要は思想・良心の自由に反するのではないかなどとずっと議論されてきたが、大阪ではもうこのような議論はなされない。あくまでも教育委員会が決定したルールを教員に守らせるという組織マネジメントの話として決着した。

芸術家にも平等なチャンスを

切磋琢磨の土俵に上がるチャンスは皆に公平・公正・平等に与えられなければならない。既得権を持つ者が多ければ切磋琢磨は生じない。前述のように、適正な切磋琢磨のためにはルールが必要となるが、これは「文化」の領域についても言えることだ。

自民党的な古き良き日本を守るという根本的な価値観からすれば、古くから続いてきた伝統文化は、何が何でも守らねばならない最たる存在だろう。僕もそれは否定しない。自分の愛好する文化を守るために、個人で寄付をしたり、保護運動を行ったりすることは、大いにやったらいいと思う。

しかしそれを税金で守るとなると、話は変わってくる。何を守りたいかは府民の皆さん個人個人でいろいろと思いがあるはずで、政治行政がある文化活動だけを特定し、それを守るために府民の税金をぶち込んでいいはずがない。

府知事、市長時代通じて、驚いたのは文化団体に対する助成金の振り分けのいい加減さだ。そして担当部局の役人はそれをおかしいとは全く思っていない。これまで先輩たちがやってきたことを同じようにやることが、正しい文化行政だと思い込んでいる。これが役人の世界であり、秩序を守り安定性を確保するにはいいが、おかしい部分の是正がなかなかできない。だからこそ、この是正をするのが政治の役割だ。

当時、ワッハ上方（吉本興業の不動産を賃借りした上方演芸資料の収集保存施設）には年間4億円、クラシック楽団の大阪センチュリー交響楽団（現日本センチュリー交響楽団）にも4億円、同じく大阪フィルハーモニー交響楽団には1・1億円、文楽協会には5200万円、という金額が毎年毎年繰り返し、ほとんど事業評価もなく助成されていた。その金額を助成することが文化行政になっていた。

他方、これらの主要文化活動以外の文化活動に助成金を出すには、それが10万円ほどであっても、申請者に何枚もの申請書類を出させ、詳細な事業報告書の提出も義務付けていた。さらに予算枠が少ないので、大阪には文化活動をしている個人や団体が山ほどあるのに、ほとんどが助成にあずかれないでいた。小劇団なども苦しんでいた。

一部の文化団体は毎年巨額な資金を当然のように助成される一方で、大阪に存在するあまたの文化団体は助成にあずかれない。

普通に考えればこれはどう考えてもおかしいことなのに、役人たちはこれをおかしいとは思わない。ワッハ上方、交響楽団、文楽協会こそが大阪の文化の全てであり、ここを守るのが大阪の文化保護であり、ここを守れなければ大阪の文化は死滅すると心の底から信じ切っていたからである。

このような組織のマインドを変えるのには、知事、市長が一言、二言言ったくらいでは全く効き目がない。メガトン級の衝撃を与えながら、メディアや府民市民を巻き込んで大騒ぎしながら、役所のマインドを変えていくしかない。

僕が文化予算の抜本的見直しを表明したときに、ワッハ上方や交響楽団、文楽協会から反発の声が出たのは当然だが、小劇団などからも反発の声が出た。「橋下は文化を守れ！」と。僕は内心「あなたたち小劇団にチャンスを与えるために、世間から批判を浴びるようなことをやってんのに」と思いつつも、これが知事・市長の使命だと言葉を呑み込んだ。

そして役所内の議論や外部有識者の意見を踏まえて、数年かけて、次のような方針を確定した——特定の文化団体が当然のように巨額の助成金を受け取るのは、既得権そのもので是正すべき。すべての文化団体に公平・公正・平等に助成金を受けるチャンスが与えられなければならない。そしてどの文化団体に、どのような趣旨で、いくらの金額を助成するかを決めるには、芸術文化に素人である知事・市長や役人が関与すべきではない。知事・市長や役人が関与すると、政治行政にとって都合のいい活動だけ保護され、都合の悪い活動は潰されるリスクがある。ゆえに政治行政から独立した機関が文化団体の選定や補助金額、その使い方を決めるべきである。

◆

このような方針に基づき、2013年に「大阪アーツカウンシル」という大阪の芸術文化行政を推進する新たな仕組み・ルールを作った。演劇や楽団、伝統文化やアートなどのあらゆる芸術文化活動に対し、大阪府および大阪市として補助金を助成すべきかどうかを判断する審査機関だ。行政と距離を置いた専門家らによる第三者機関が、申請者を審査して助成先を決め、補助金の使い方や助成先のその後の活動もしっかりと評価する。

審査に受かるかどうかは、その団体が有名かどうかに関係ない。役所内や経済人、インテリたちの評価も関係ない。芸術文化の専門家からなる大阪アーツカウンシルが定めた、大阪芸術文化推進戦略の方針に合致しているかどうかで決まってくる。もちろんこの戦略の方針は公開されている。

この仕組みによって、これまで日の目を見なかった芸術家にもチャンスが与えられるようになり、各団体が切磋琢磨するようになった。「大阪アーツカウンシル」の仕組みは、とかくインテリたちが特定団体を特別扱いする芸術文化の領域でも、既得権を否定し、ルールに基づく適切な切磋琢磨を実現できる大阪独自の仕組みだと自負している。

ただ、この一連の改革によって文楽協会への助成金をカットしたことで、文楽絶対主義者のインテリたちを中心に、猛烈な批判の嵐が巻き起こった。「橋下は文化破壊者」などとまくしたてられた。

このインテリたちは「文楽を守る会」なるものを結成した。その会は何をするのかと様子を見ていたら、自分たちでお金を集めるために汗を流すのではなくとにかく行政に「予算を出せ」と言うばかり。本当に役立たずな連中だ。

また芸術文化予算のカットについて、「政治の芸術文化への介入だ」と単純に批判するインテリたちも多かった。しかし、だいたいこういう連中は、表面的なところを見てヒステリックになるだけで、物事の本質を見ようともしない。大阪アーツカウンシルを設立した僕の芸術文化行政改革は、むしろ「政治行政が芸術文化に介入することを防ぐ」こと、端的に言えば、「芸術文化の素人の役人が助成金を差配できないようにする」仕組みであることは、ここまで読んでくださったみなさんなら、理解してもらえたと思う。

そもそも僕は、芸術文化団体への補助金の財源は、寄付税制でまかなうべきだというのが持論だ。寄付税制にすると、芸術文化団体は寄付を受けられるように頑張らなければならない。芸術文化とはもともとパトロンが支援して成り立っていたもので、パトロンに評価されるものでなければならない。歴史をたどれば、お上が保護した文化なるものは全て衰退していった。お上に文化を見る目はない。大阪アーツカウンシルでは一定審査・評価を受けるが、よりダイレクトにお金を出す者自身の評価に委ねるのがふさわしいと思っている。カネを出す者は真剣に評価する。

そこでアーツカウンシルの設立と並行して、僕は「ふるさと納税」の仕組みを利用した芸術文化助成の寄付税制を作った。大阪アーツカウンシルの審査を通って登録された団体に対して、納税者はふるさと納税の範囲で好きな団体に寄付をし、税金の免除を受けることができる。

この制度を作ったときに、それまで「文楽を守れ！」と声高に叫んでいた「文楽を守る会」のインテリたちや経済界の面々に「たっぷりと寄付をしてください」と記者会見を通じて呼びかけた。ふるさと納税の範囲ではあるが、寄付した分の税金が免除されるのだから文楽を守りたいという人にはうってつけの制度のはずだ。しかしそういう連中に限って、身銭から寄付はしていないようだ。

外交問題は、国際裁判で解決せよ

力ずくの弱肉強食の世界を避けるために、ルールによる政治を重視するという考えは外交問題にも当てはまる。国際紛争もルールに基づく解決を徹底すべきだ。特に憲法9条によって自衛力・国防力に著しい制約をかけられている日本だからこそ、ルールに基づく解決を徹底しなければならない。

だから、僕は北方領土や竹島の領土問題、そして建前では領土問題なしとしている尖閣諸島の問題については、国際司法裁判所で解決するべきだと常々主張してきた。この点は、日本維新の会の共同代表を務めた際、石原さんと話したが、石原さんも同じ考えだと言っていた。

その国際司法裁判所は、国連の司法機関の一つだ。外交・安全保障に詳しい国会議員は、国連を大国の政治闘争の場だと考えている人が多く、「日本の裁判所のような公正な裁きはないので国際司法裁判所を利用することはよくない。中国・ロシアに有利な判決になる」と決めてかかっている人が多い。

しかし、後で見るように、それは必ずしも正しくない。日本は国際政治を動かす大国とは言えない。国際問題をルールで解決しようと思えば、相手の主張の根拠について、現在の国際法のみならず過去のルール、取り決めなどに照らして検証する必要がある。自分たちの主張を一方的に主張するだけでは国際裁判では負けてしまう。

北方領土をロシアが実効支配しているところに、いくら「4島はもともと日本固有の領土だから返してくれ」と日本の理屈をぶつけてもロシアは微動だにしない。

ロシアからすれば、早く終戦に持ち込みたい連合国の求めに応じて第二次世界大戦に参加した報酬として手に入れた領土という認識がある。ヤルタ密約だ。このヤルタ密約は日本は当然無効であると主張し、アメリカも日本の味方をしてくれているが、その他の大国はヤルタ密約を無効とは言わない。今の国際秩序の根源だと考えている節がある。

さらにもし日本に4島を返還した場合、日米安保条約を盾に、そこに米軍が駐留すれば、ロシアは千島列島を横断して太平洋に出るルートに重大な危機が生じ、ロシアの安全保障上看過できない脅威となる。こうしたロシアの状況を考えると日本が4島返還を主張するだけでロシアが応じるわけがない。戦争で獲られた領土を取り返すには、原則戦争で勝つしかない。しかしその選択肢は日本にはない。

ならば、国際司法裁判所において、ヤルタ密約が無効であることや、北方領土問題と日米安保条約は無関係であることを確定して、ロシアの主張を法理論的に打ち崩し、法的に勝つ必要があるだろう。

尖閣諸島についても、日本は歴史的にも法的にも固有の領土であり、領土問題は存在しないと繰り返すばかりであるが、尖閣諸島の今の状況を見れば紛争が存在していることは間違いない。日本固有の領土であるにせよ、この紛争状態を解決する必要がある。

現在は、尖閣諸島について日本が実効支配をしているので、これを死守すべきだが、海上保安庁のパワーが尖閣諸島に割かれ過ぎていることも事実。島国日本は排他的経済水域を含む領海が447万㎡と世界でも有数の海洋国家であり、海上保安庁の体制強化も限度があるので、海上保安庁の力をこの広大な排他的経済水域を守るために適切に配分する必要がある。

◆

歴史的な文献等からは、尖閣諸島は日本の固有の領土だと十分に証明できる。

ただし、1972年の日中国交正常化以来、日本政府が尖閣諸島を固有の領土として扱ってきた気配を感じない。69年、国連による海洋資源調査報告において「台湾と日本との間にある大陸棚は、世界で最も豊富な油田の一つとなる可能性が大きい」と指摘されたことから、中国も70年代より、尖閣諸島は自国の領土であると主張し始めた。

これに対して日本は特段の強い措置を講じてこなかった。さらに、92年に中国が「領海および接続水域法」という国内法によって、尖閣諸島を法的にも自国領に含めたことに対して、日本は事務レベルの抗議しか行わず、政治が国をあげて断固たる抗議をしなかった。2012年に尖閣諸島を日本が法的に国有化したことをきっかけに、尖閣諸島周辺で公船活動を活発化させている中国と大違いである。

中国はロシアが北方領土にこだわっている理由と同じく、尖閣諸島が太平洋に出るルート上、非常に重要な拠点であることに気付いたのだろう。国をあげて意思を行動で示している。日本の政治家や政府は、口では尖閣諸島は日本固有の領土だと威勢よく主張してきたが、実際の行動では灯台一つも建てることができない弱腰だった。この点を正直に認めなければならない。

だから尖閣諸島の領土問題については、日中国交正常化にあたり棚上げの約束があったという中国の主張が、僕は法律家としてどうしても気になってしまう。日本はこの約束を否定するが、法的な思考とは、外形的な事実から約束の有無を判断していく作業である。さらに、日本は尖閣諸島を1895年1月に、閣議決定で日本の領土に編入するが、このときは日清戦争中で、中国は日清戦争のドタバタ中にかすめ取られたと主張する。

日本は国際司法裁判所において、文献上、尖閣諸島は日本固有の領土であることを証明しながら、日中国交正常化以後の日本の態度をもってしても領土棚上げの約束は全くなく、1895年の領土編入手続きは全く適正、有効であることを確定し、中国の主張を法理論的に打ち崩し、勝訴判決を得るべきである。

竹島についても、日本の政治家は、竹島は日本の領土だ！　と叫ぶだけ。韓国は自国領で領土問題は存在しないと一蹴する。しかも着実に施設を設置し、形は警察部隊であるが軍装備を有する警備隊を常駐させ、実効支配を強化している。さらに国をあげて竹島は韓国の領土であるとの国民意識を醸成させている。

竹島も、尖閣諸島と同じく、文献的には日本の固有の領土であることを証明できる。そして韓国が実効支配した経緯は、1952年に韓国が「李承晩ライン」を一方的に設定して、竹島を韓国領土だと宣言したことだ。李承晩ラインは、僕は法的には無効であると考えるし、当時マッカーサーも無効の主張をしていた。

しかし、韓国は当時から有効を主張し、その後アメリカは二国間問題だとして距離を置いた。日本側とすれば、当時はまだサンフランシスコ講和条約の発効前で主権を回復しておらず、適切な行動をとることができなかったという主張もある。しかしそれを言えば、日本が竹島を島根県に編入した1905年には、日韓保護条約によって韓国の外交権は制限されており、韓国は適切な行動をとれなかったという反論を受けるだろう。

日本は国際裁判所において、文献的に、竹島が日本の固有の領土であることを証明しながら、李承晩ラインが無効であることを確定し、韓国の主張を法理論的に打ち崩し勝訴判決を得るべきだ。

◆

北方領土、尖閣諸島、竹島の問題を法的に解決しようとしたときの日本の攻撃・防御の仕方の一例を示したが、これまでの自民党が行ってきた態度振る舞いと根本的に違うところを感じてもらえたのではないだろうか。

自民党政治は、基本的には国内的に威勢よく叫ぶだけである。北方領土4島返還！ 竹島返せ！ 尖閣は日本の固有の領土！ 長年のそのような行動でどのような解決が得られたのか？ たしかに、国際司法裁判所での解決ということも実現可能性が高いとは言えない。領土問題に関しては、原則として両当事国が合意をしない限り、国際司法裁判所を利用することはできない。また国際司法裁判所の判決には強制力がなく、負けた相手がそれに従わなければどうすることもできない。

しかし、フィリピンは2016年、南シナ海での中国の九段線の主張について中国相手に勝訴した。これは中国の同意なく得た勝訴判決だ。フィリピンは、国連海洋法条約などを巧みに使って領土問題を回避しながら、中国の同意を得ることなく、実質領土問題についての勝訴判決を勝ち取った。極めてクレバーである。日本もこのやり方を研究すべきだ。そして、フィリピン勝訴判決を中国は表面上無視する態度をとっているが、実際には中国は判決を非常に気にしていることは明らか。中国は、判決を棚上げするために必死になってフィリピンと経済交渉をした。

そして何よりも国際裁判の判決は、非常に大きな国際的インパクトを放つことが、一連の報道や国際政治の展開を見てはっきり分かった。加えて、外交安全保障に詳しい日本の政治家たちが懸念している「国際裁判では大国には勝てない」というジンクスも、絶対的なものでないことがわかった。

日本は超大国ではない。強気一辺倒の交渉で解決できるわけでもない。自分の力を冷静に把握し、国際裁判の場でルールを盾に、知性を駆使して理知的に大国を打ち負かす。これまでの威勢のいいだけの自民党とはまったく違う、日本の新しい道だと思う。

未来を切りひらく「動」の野党を

今の日本で、保守とリベラルという区分けはまったく無意味であり、あえて政党を区分けするなら、既得権を持つ人を固定支持層にする自民党と、そうではない野党だということを述べてきた。さらにこの章においては、強い野党が示すべき新しい日本の姿、未来志向の方向性をいくつかのキーワードとともに提示してきた。

本当の対立軸が、おぼろげながら見えてきたような気がする。

あえてそれを言葉にしてみるとすれば「動」と「静」だ。

現在の政権与党である自民党は「静」。歴史と伝統、これまでの経緯や安定・秩序を重んじる。

対する強い野党は「動」。既得権益のしがらみを断ち、これまで安定・秩序を保っていたルールに変化を生じさせる。個人、地域、国が切磋琢磨してエネルギーを発していく。これまでやってきたことを踏襲するのではなく新しいアプローチを試みる。

「静」は失敗するリスクが少ない代わりに課題解決の成功率も低い。

「動」は果敢に課題解決にチャレンジするが、失敗するリスクも伴う。

どちらが良いか悪いか、正しいか間違っているかの問題ではない。2つ必要なのである。そしてその時代と状況に合わせて、適切なものを選んでいく。国の状況が、放っておいても右肩上がりのときや課題が少ないときには、リスクの少ない「静」の政党が求められるだろう。逆に悪条件が揃い、放っておけば衰退に向かう状況のときには、課題解決にチャレンジする「動」の政党が求められるだろう。そして「静」の政党も「動」の政党もお互いに切磋琢磨しながら自分の弱点を補強していく。

だからこそ、自民党に対する強い野党が必要なのだ。

自民党の「静」に対する「動」の野党――このイメージの違いを有権者にしっかりと伝えていくことが、野党がこれから支持を広げるための重要なポイントの一つになる。

さらに、最後に一つ伝えておきたい。

強い野党を作るための最大の障壁となるのは、有権者の無関心だ。

既得権を持つ支持層をがっちりと固めている与党自民党にとっては、政治に無関心で投票に来ない有権者が増えるほど、一部の固定票だけで勝つことができて好都合だ。

たしかに、現在の野党はだらしがない。「あなたの1票で世の中が変わる」などというのはきれいごとで、今野党に1票を投じたところで何も変わらない。

しかし、それでも今の政権、今の政治、そして今の生活に不満があるのなら、皆さんには是非投票所に足を運んでほしい。そして野党を育てるという姿勢で、1票を投じてほしい。

支持政党が特にない場合でも、投票所に行って、「白票」を入れるという形で自らの意思を示すのが大切だ。

僕も政治家を経験したからよく分かる。白票の数が多いと、政治家は必死に成果を出そうとする。白票の塊が自分のところに来るか、相手のところに行くかで次の選挙の勝敗が決まるとなれば、政治家はそれを掴むために全力を尽くす。固定支持層だけに支持される政治をやり、有権者全体の方を向かない不誠実な政治をしていては、この白票は敵候補か、まだ姿も見えない新人候補に流れるのではないかという強い危機感を覚える。そして、白票の塊を含めて、選挙に来る有権者全体が望む政治とは何かを一生懸命考え、実現に向けて努力するようになる。これが白票の威力だ。もちろん白票も1票だけでは力がない。白票が塊になるように、支持政党のない有権者は行動しなければならない。

日本を良くするには、何をおいても選挙に行き、場合によっては白票でもいいので、自分の意思を政治家に対して表明すること。そのことが強い野党を作る最も根源的なところだ。政治に不満を言っているだけでは、強い野党は誕生しないし、日本も良くならない。有権者の行動こそが強い野党を作る。

野党間に予備選の導入を

この本を締めくくるにあたって、強い野党を生み出す新しい制度を提案したい。

来年夏の参議院議員選挙に向けて、各野党には、候補者を決めるにあたり、予備選挙を行うことを提案したい。

複数の政党が一つにまとまるのは莫大なエネルギーが必要となる。政治家は我が強い。他人の下には付きたくなく、できる限り自分が上でいたい。自分が権力を持ちたい。これは政治家であれば当たり前の欲であり、逆に、このような欲のない者が政治家になってもクソの役にも立たない。

だから政権や大きな権力を取ろうとする強力な欲がない限り、現状のこぢんまりした野党で甘んじる空気がある。現状のこぢんまりした野党だと、各野党の執行部も含め、そこそこの権力を持つことができるポストをある程度の数は確保できる。これが一つの野党になると、代表も執行部も一つになってしまう。その他の党内の役職も一つに整理されてしまう。今、各野党で代表や幹部・役職者として好きなようにやっている者が、一つの野党にまとまると自分の地位がどうなるか分からなくなる。もともと一つの政党が分かれた場合には、価値観・理念・政治信条の違いもさることながら、人間的な恨みつらみが鬱積し、そうは簡単に元のさやに収まることなどできない。

ゆえに、各政党はよほどのことがない限りまとまらない。そのよほどのこととは選挙で負ける危機感のことであり、まとまらなければ自分は落選してしまうという危機感をメンバーが共有してはじめて、まとまる動きが生じる。2017年の希望の党結党のドタバタ劇然り、2012年の日本維新の会の結党劇然りである。

今の野党の状況を見る限りは、いきなり一つの政党にまとまることは難しそうだ。特に立憲民主党や日本維新の会の議員は、それぞれ自党の看板で一定の議席を取れる自信がある。そして野党で甘んじることさえ受け入れれば、今の自分の役職ポストを維持できて、優雅で楽しい政治家生活を送ることができるからだ。

しかし、各野党が乱立した状態では、野党候補者が選挙で勝つ可能性は低く、結局自民党が与党として一強であり続けることは変わらない。野党候補者が選挙で勝つためには、特に選挙区において野党間で候補者調整を行って候補者を一本化する作業がどうしても必要不可欠。候補者調整とはお互いに候補者をぶつけ合うことを避けるだけで、他党の候補者を応援することを含まない。他党候補者を応援することは選挙協力というものであり、これは一つの政党にまとまる直前の状態に行うものである。

ところがこの候補者調整が大変難しい。各政党は自分たちの勢力を拡大することに必死である。党所属の議員一人が誕生すれば、それだけで数千万円の政党交付金が追加される。さらに比例代表制の選挙においで自党名を書いてもらうには、各選挙区で自党の候補者が選挙運動をしっかりとやることが効果的である。ゆえに各野党は、自党の候補者をできる限り多く立候補させようとする。そして各野党の候補者が一つの選挙区でぶつかり合った場合に、それを一本化するための決定機関がないため、話し合いや協議ではなかなかまとまらず、結局複数候補者が立候補し、野党票を分け合って、自民党に敗北するというのがお決まりのパターンだ。

確かに選挙協力がうまくいく場合もある。2016年の参議院議員選挙では、民進党と共産党が、32選挙区の一人区において候補者の一本化に成功し、うち11人が自民党の候補者に勝利し、それなりの成果を収めた。しかしこれは民進党と共産党のそれぞれの執行部の関係が良好だったがゆえの成功例。民進党が国民民主党と立憲民主党に分かれた今、同じようにうまくいくかどうかは分からない。

さらに日本維新の会の存在もポイントだ。日本維新の会が候補者調整に応じなければ、結局いくつかの選挙区で共倒れになり、自民党に対峙できるほどの数の野党議員の誕生は難しくなるだろう。

日本維新の会結成のときには、当初、党内において大阪組と石原さん率いる「たちあがれ日本」組でバチバチの候補者調整をやった。こちらの責任者は松井さん。向こうは藤井孝男さん。同じ党内でも激しい勢力争い、主導権争いで自陣の候補者をできる限り多く立候補させようとする。もう殴り合い寸前の状態だった。その横で、僕と石原さんはコーヒーを飲みながら世間話をしていた（笑）。党内調整が終われば今度は、当時の「みんなの党」との候補者調整だ。こちらは党が異なるのでさらにやっかい。僕もみんなの党の代表の渡辺喜美さんとはやり合った。口で「候補者調整」と言うのは簡単だけど、それを実行するのはほんと難しいんだ。

◆

それでも、この次の選挙では、候補者調整がうまくできる可能性を感じる。というのもあまりにも野党が弱すぎて、このままではまずいという危機感が各野党に強く醸成されている。候補者調整ができなければ野党の敗北は明らかだ。

そして、各野党も力の均衡ができつつある。政治は「力と力」がぶつかり合う世界。強い者が主張を押し通そうとするのが常だ。2012年の衆議院議員総選挙では、日本維新の会の勢いが強く、民主党には当然のこと、みんなの党にも譲歩しなかった。結局、それで共倒れ。しかし17年の衆議院議員総選挙では、途中から失速気味になったとはいえ、小池百合子さんに勢いがあり、日本維新の会は東京では全く支持されていないことが世論調査などではっきりしていた。

他方、大阪では維新が圧倒的に強い。この状況から日本維新の会は、小池さんの希望の党と候補者調整をすることができた。各政党の力が均衡してくると、それなりの遠慮・譲歩が生まれてくる。

僕はあのとき本当は、大阪は維新の会、東京は小池さん、そしてそれ以外を前原さん率いる民進党でうまく候補者調整ができないものかと考えていた。そのために前原さんが東京、大阪の民進党候補者に立候補を断念させてくれないか、そして次のステップで、この3グループがまとまっていく挑戦をすべきだと思っていた。ところが、前原さんと小池さんは、3グループを飛び越えて、一気に政権を狙いに行ってしまった(笑)。

今の各野党は、どこかが完全に強いというわけではない。ゆえに我を張り続ける力もないだろう。日本維新の会も全国にバンバン候補者を立てられる力はない。こういうときには、各野党に遠慮や譲歩の空気が生まれ、調整の可能性が高まる。

衆議院総選挙は小選挙区が多く、調整作業も大変だろう。しかし来年行われる参議院選挙は、調整が絶対に必要な一人区、二人区は36(一人区=32、二人区=4)だけだ。強い野党に向けての候補者調整の手始めとしては絶好のチャンスだと思う。

◆

ここで最も重要なことは、その調整はきちんとしたエビデンスに基づくべきということだ。これまでは声の大きさ、態度のでかさ、カネの多さなどで決まっていたが、これからはきちんとした世論調査の結果に基づくべきである。
各野党間で、たとえばこんなルールを設ける。
1．当該選挙区に現職議員がいる場合は、その者が原則立候補する。
2．現職議員が存在しない選挙区で、与党現職議員に挑む野党候補者が複数存在する場合には、世論調査の数字が一番高い者を候補者とする。
3．世論調査の実施団体は各政党が共同で選任する。

自民党は公認候補者になるために、自民党支部内において切磋琢磨させられる。いわゆる「政治力」を持った者が候補者として勝ち上がってくる。最近は公募候補者も多くなってきたようだが、当選後は自民党支部内で揉まれ、そこでうまく行かなかった者は弾き飛ばされる。

アメリカの連邦議会議員候補者も、党内の予備選で勝ち上がらなければ、本選挙に出られない。この過程で切磋琢磨が求められる。

日本の野党の候補者も事実上の予備選を実施して、候補者を切磋琢磨させるべきだ。実際の投票事務は困難なので世論調査を活用すればいい。実施時期や回数などの細則をきちんと定め、候補者が定まっていない段階では党名だけを尋ねる世論調査も重ねればいい。

この過程で、世論調査のトップを取るために、候補者や各野党は努力することになるだろう。そしてこれが各野党の力を強くしていく。

まずは2019年の参議院議員選挙での候補者調整。次に衆議院議員総選挙での候補者調整——そこで各野党がある程度の塊になってきたら、一つにまとまることにチャレンジする。いきなり一つにまとまろうとするのは無理だし、各野党にまとまる力が備わっていなければ、また簡単に割れる。ただし野党が、それぞれの党内でまとめる力、まとまる力を蓄えていけば、その力は党の枠を飛び越えて、今度は各野党が一つにまとまる力にもつながっていくだろう。

以上、僕の8年間の生きた政治経験をフルに注ぎ込んで、強い野党の作り方を述べてきた。今の日本には、未来志向の「動」の野党が必要であることを、ここまで読んだ方ならきっと感じていただけたと思う。今は混沌の中にあっても、賢い日本の有権者は必ずや強い野党を生み出し、育て、支えてくれるものと確信している。

橋下　徹 はしもと・とおる
1969年生まれ、弁護士。早稲田大学政治経済学部卒業後、98年に橋下綜合法律事務所を開設。2008年に大阪府知事、11年に大阪市長に就任。「住民サービスの転換」を基軸に数々の改革を断行。10年に地域政党「大阪維新の会」、12年には国政政党「日本維新の会」を創設。15年12月、任期満了に伴い大阪市長を退任。著書に『橋下徹の問題解決の授業』など。

朝日新書
686
政権奪取論《せいけんだっしゅろん》
強い野党の作り方

2018年 9 月30日 第 1 刷発行
2018年10月30日 第 3 刷発行

著　者　橋下　徹

発行者　須田　剛
カバーデザイン　アンスガー・フォルマー　田嶋佳子
印刷所　凸版印刷株式会社
発行所　朝日新聞出版
〒104-8011　東京都中央区築地 5-3-2
電話　03-5541-8832（編集）
　　　03-5540-7793（販売）

Published in Japan by Asahi Shimbun Publications Inc.
ISBN 978-4-02-273787-8
定価はカバーに表示してあります。
落丁・乱丁の場合は弊社業務部(電話03-5540-7800)へご連絡ください。
送料弊社負担にてお取り替えいたします。

朝日新書

病院のやめどき

「医療の自己決定」で快適人生

和田秀樹

「快適に生きる権利」を無視する病院に、あなたはいつまで通い続けるのか？　処方される薬は「日本人のためのエビデンスが疑わしい」という事実を知っているのか？　大事なのは「医療の自己決定」。ダメ医者の見つけ方など、医学界のタブーをすべて明かす！

50歳からの孤独入門

齋藤　孝

いよいよ「人生の後半戦」という覚悟を迫られる50歳。後悔の念や喪失の不安と、いかに折り合いをつけることができるか？　やがて訪れる「孤独」を、むしろ楽しむにはどうすればよいか？　古今東西の賢者に学ぶ、齋藤流「後半生をよく生きるメソッド」！

１９６８年

中川右介

ちょうど50年前、１９６８年の日本は「昭和の青春」真っただ中。あしたのジョー、少年ジャンプ、黒部の太陽、花の首飾り……。世界の潮流に先駆けて、日本人の情念を変容させた「熱い1年」だ。大衆娯楽に焦点を当て、新世代のエネルギーの奔流を濃密に描く。

政権奪取論

強い野党の作り方

橋下　徹

野党が強くなければ、政権与党はやりたい放題で国民の声は政治に届かず、日本は良くならない。ではどうするか？　「ふわっとした民意」をどうつかむか？　「風」だのみでない強い組織をどう作るか？　自称インテリには絶対語れない超・体験的政治原論。